the dictionary and grammar of
HIRI MOTU

THE PAPUA NEW GUINEA GOVERNMENT
OFFICE OF INFORMATION 1976

© 1976

First published April 1976

Thank you to the Department of Justice and Attorney General, Independent State of Papua New Guinea for permission to reprint this book.

All rights reserved by the author and the publisher. No parts of the dictionary may be reproduced in any form without permission from the publisher.

Reprinted in 2015 by:
University of Papua New Guinea Press and Bookshop
PO Box 413
University PO, NCD
Papua New Guinea

ISBN 978-9980-87-984-4

**Celebrating the Golden Jubilee of the
University of Papua New Guinea 2015**

CONTENTS

		Page
PREFACE		1
PART 1. GRAMMAR AND PRONUNCIATION		5
PRONUNCIATION		7
GRAMMAR		8
1.	Personal Pronouns	8
2.	Verbs	8
3.	Object - Pronouns	9
4.	Nouns	10
5.	Adjectives	11
6.	Possessives	12
7.	Demonstratives	13
8.	Imperatives	13
9.	Interogatives	14
10.	Prepositions	14
11.	Other parts of speech	16
	Adverbs	16
	Conjuctions	16
	Articles	16
	Interjections	17
12.	'To be' and 'to have'	17
13.	Auxiliary Verbs	17
14.	The Subject Marker	18
15.	The Preposition 'Totona'	19
SENTENCE PATTERNS		20
PART 2. DICTIONARY OF HIRI MOTU TO ENGLISH		25
PART 3. DICTIONARY OF ENGLISH TO HIRI MOTU		43

PREFACE

In May, 1971, a two-day Conference on Police Motu convened by the Department of Information and Extension Services formed a Standing Committee and a Dictionary Working Committee on Hiri Motu, the new name recommended by the Conference during the course of its discussions. The aim of these committees was to foster an interest in Hiri Motu and to compile a new dictionary of the language updated to suit current usage.

During the three and a half years which followed, both committees were severely depleted by Public Service transfers, localisation and other unavoidable factors. However, a Dictionary Committee of varying size and composition did continue working and this book is the result of that work.

The name 'Hiri Motu', recommended at the 1971 Conference, was adopted by the Committee for the following reasons:

(a) The language itself has a much older history than the name 'Police Motu' suggests. Simplified from the language of the Motu people, it was the trade language used by the Motu and their customers during the Hiri trading expeditions to the Gulf of Papua.

(b) Although it was adopted as a lingua franca by the Armed Native Constabulary of British New Guinea (Papua) and spread by them well beyond the limits of the Hiri expeditions, it never ceased to be a language of commerce and social contact and never became exclusively a police language. Regrettably, since the amalgamation of the Royal Papuan Constabulary and the New Guinea Police Force in 1946, it has largely lost its function in police work as most Papuan policemen have adopted the use of Pidgin along with the majority of the Force - their New Guinean colleagues.

(c) The 1971 Conference felt that a new name should be adopted to reflect the continuing function of the language which is now more closely allied to trading and social contact than it is to police work. To quote Percy Chatterton's Preface in his 1971 book 'Hiri Motu' —

". . . . . . it may be claimed that the modern lingua franca is a lineal descendant of the language of the Hiri, and the name 'Hiri Motu' is therefore not unsuitable."

Call it what you will, it is still basically the same language and, in its present form, differs only slightly in its grammar (though to a greater extent in its vocabulary) from that used both on Hiri expeditions and for police work. It also differs greatly from Motu proper in its grammar and vocabulary as you will discover on reading the Grammar Section. Indeed, in the printed form, it doesn't even look much like Motu proper.

This book is intended for use by anyone who has a reasonable grasp of reading and writing English. It is not a linguistic handbook and therefore it is able to avoid, where possible, the use of highly technical terms which could tend to confuse or deter the man in the street, rural or urban, Papuan, New Guinean or foreign. To quote Percy Chatterton again:

"The categories of traditional grammar have been made use of, but they must not and cannot be used as a straight-jacket. Students of Hiri Motu may well find the same word being used in one sentence as a verb, in another as a noun and in a third as an adjective". (Hiri Motu, 1971.)

With reference to the latter statement, the reader will find in the Dictionary Section various forms of speech listed, in many cases, under one entry.

Since Hiri Motu is spoken in two main dialects - Central and Non-Central, any entries which are felt to belong fairly exclusively to the Central Dialect are marked (C). No apology is offered for the inclusion of certain Motu words which some people may think are too "pure" for Hiri Motu. The Committee is aware of this; however, it was discovered that these words are in common use by a significant number of non-Motu people to the extent that they are at least worthy of mention. Merely mentioning them is the most the Committee has done and they too have been marked (C) as they more frequently occur in the Central dialect.

The Motu words for numerals are rarely used beyond five by Central and three by Non-Central speakers; therefore, none have been included in the Dictionary proper but are dealt with in the Grammar Section. Also, names of days, months and foreign countries have been omitted since the English spellings and pronunciations are widely used.

The inclusion of many English words in the Hiri Motu listings will probably be unpopular with Motu purists. However, the Committee stresses the word 'inclusion' as against 'introduction' as these words have been in constant oral use for long enough to qualify them for the term 'common usage'. The Committee therefore decided that they should be included in a printed form as close as possible to accepted Motu orthography. In this we have been ably advised by Mr Raka Igo of Hanuabada.

The word list has been greatly expanded from the Brett-Brown-Foreman 'Dictionary of Police Motu' (1962) and, in this connection, until recently we were fortunate in having as a member of the Committee Mr Ray Brown, one of the co-compilers of that Dictionary.

Another task still lies ahead for the Committee - that of compiling a companion Dictionary of Hiri Motu - Pidgin. It was hoped originally that this would be included between the covers of this book. However, although costs of publication, available time and available personnel have temporarily delayed this, the Committee hopes that this will be available to the people of this country in the not-too-distant future.

The Committee hopes that this book will afford the people of Papua New Guinea and people from other countries the opportunity of learning a simple Papuan lingua franca the use of which is expanding as both a unifier and as an identifier.

FRANK WOOD (for the Committee).

Current Members of the Dictionary Committee

Brian Amini
Percy Chatterton
Raka Igo
Ron Lean
Api Leka
Frank Wood

Sometime Members of Dictionary Committee

Jack Aila
Ray Brown
Tom Dietz
Peter Livingston
Manu Paul
Esau Reuben
Alain Waike

Acknowledgements: Mr Ray Brown who, as co-compiler of the 1962 Dictionary of Police Motu, supplied the Committee with its original word-list and arranged temporary accommodation at the Publications Section of the Department of Agriculture, Stock and Fisheries. For working accommodation - The Department of Information and Extension Services, now the Office of Information, The Bible Society of Papua New Guinea, The United Church of Papua New Guinea and the Solomon Islands (Poreporena), The National Parliament and Dr Percy and Mrs Chatterton. Mr Baru Morea and his wife, Geua for their hospitality during our work at Poreporena. Mr L.W. Johnson and His Excellency, Sir John Guise for their initial encouragement and continuing interest in the work. And all those people of Papua New Guinea who encouraged, advised, cajoled and corrected us and to whom, with respect, this book is dedicated.

The Committee

Bibliography

R. Lister-Turner and J.B. Clark (Ed. P. Chatterton)
    Dictionary of the Motu Language of Papua (1954) Sydney
    Grammar of the Motu Language of Papua (1954) Sydney

R. Brett, R. and R. Brown and V. Foreman
    Survey of Motu and Police Motu (1962) Port Moresby
    Dictionary of Police Motu (1962) Port Moresby

S.A. Wurm and J.B. Harris
    Police Motu (1963) Canberra

S.A. Wurm
    Motu and Police Motu (1964) Canberra

P. Chatterton
    Hiri Motu (1971) Port Moresby

PART ONE

GRAMMAR AND PRONUNCIATION

PRONUNCIATION

Before the arrival of Europeans in Papua, Motu, in common with other Papuan languages, existed only in the form of the spoken word. It has been reduced to written form by the use of 19 of the 26 letters of the English alphabet. These are:

CONSONANTS: b, d, g, h, k, l, m, n, p, r, s, t, v, w.

VOWELS: a, e, i, o, u.

The consonants are pronounced as in English.

The letter 'g' is given two different sounds by Motu speakers. In some words it is pronounced like the English hard 'g' as in 'go'. In others it is given a more gutteral sound - the voiced equivalent of the Scots 'ch' - which does not occur in English. In Hiri Motu, however, this distinction is not maintained except by those Papuans who have a similar distinction in their own language. It is therefore ignored in this book. Always pronounce it as in English 'go'. Never pronounce it as in English 'George'; this sound does not occur in Motu.

The letter 'w' occurs only in the compound consonants 'kw' and 'gw'.

The vowels are given what are sometimes called their 'continental' values. Each letter represents a single vowel sound. It is important to note this, as in English we often use a single vowel-letter to represent a double vowel-sound.

The normal pronunciation of the vowels in Motu is as follows:

'a' as in 'father'
'e' as in 'ten'
'i' as in 'marine'
'o' between the sound of 'o' in 'not' and the sound of 'aw' in 'law'
'u' as in 'rude'.

These vowel sounds tend to vary somewhat under the influence of the consonants with which they are associated, and of the stress and speed of speech. This is particularly the case with 'a', which sometimes sounds more like the 'a' in 'fat' than that in 'father'. To acquire an easy, natural pronunciation of Motu there is no substitute for listening attentively to Papuans speaking it.

Now for some warnings:

1. 'a' must never be pronounced as in 'mate'. This sound, as pronounced by Australian and Southern English speakers, is a double vowel and, when it occurs in Motu, it is written 'ei' - these being its constituent vowels.

2. In pronouncing 'e', Australian and Southern English speakers must be careful to avoid turning this vowel into the double vowel 'ei' as mentioned above.

3. 'i' must never be pronounced as in 'high'. This sound also is a double vowel. When it occurs in Motu it is written as 'ai' - its constituent vowels.

4. 'o' must not be pronounced as in 'no' unless you are a Scot. English 'no' is pronounced with a double vowel, written 'ou' when it occurs in Motu. Play for safety by keeping the pronounciation of 'o' fairly close to the 'aw' sound in 'law'.

5. 'u' must never be pronounced as in 'but'. This sound does not occur in Motu.

6. 'u' must never be pronounced as in 'nude', unless you are American. The 'u' in English 'nude' is a double vowel, 'iu'.

Now for the double vowels. Pronounce 'ei' as in 'weight'; 'ou' as in English 'no'; 'ai' as in 'high'; 'oi' as 'oy' in 'boy'; and 'au' as 'ow' in 'cow'.

'Ae', 'oe' and 'ao' are so near in pronunciation to 'ai', 'oi' and 'au' that you will probably find it hard to distinguish them. For example, you will have to listen very carefully to distinguish between 'ai' (we) and 'ae' (leg).

Finally, note that, when 'ai' is followed by another vowel, a slight 'y' sound intrudes. Thus, 'kaia' (knife) is pronounced 'kaiya'. Similarly with 'oi' - the word 'boio' (lost) is pronounced 'boiyo'. When 'au' is followed by another vowel, a slight 'w' sound intrudes. Thus 'maua' (box) is pronounced 'mauwa'. These intrusions do not occur when 'ae', 'oe' and 'ao' are followed by another vowel.

GRAMMAR

1.

PERSONAL PRONOUNS

lau,	I	ita,	we (inclusive)
		ai,	we (exclusive)
oi,	you (singular)	umui,	you (plural)
ia,	he, she, it	idia,	they

The distinction between the 'inclusive' and 'exclusive' forms of 'we' is very important and must be understood by anyone wishing to speak and understand Motu. The following example will help you to understand it.

Two Papuans, A and B, find that they have no food to eat. A says to B, "We have no food; let us go to C and ask him to give us some". So they go to C, and A says to C, "We have no food; will you give us some".

When A says to B, "We have no food", he means, "You and I have no food". 'We' is inclusive, that is it includes the person spoken to, and in Motu A would say 'Ita'.

When A says to C, "We have no food", he means "B and I have no food". Here 'We' is exclusive, that is it excludes the person spoken to; and in Motu A would say 'Ai'.

Inclusive 'ita' includes the person or persons spoken to.

Exclusive 'ai' excludes the person or persons spoken to.

2.

VERBS

Here are some typical Motu verbs:

helai	to sit
kiri	to laugh
digu	to bathe

In true Motu there are numerous grammatical devices by which these simple forms of the verb are modified to indicate past, present and future tenses, and also number and person. In Hiri Motu these elaborations are eliminated and the hearer is left to guess from the general sense of what is being said whether the verb refers to past, present or future. Thus:

"Lau digu" may mean "I bathed", "I have bathed", "I am bathing" or "I shall bathe".

Similarly with oi digu, ia digu, ita digu, ai digu, umui digu and idia digu.

"Oi digu" and "Umui digu" may also be imperatives, that is, a command to go and bathe.

The verb may be negatived in Hiri Motu by adding "Lasi" (no) to it. Thus, "Ai digu lasi" - "We haven't bathed".

While the grammatical devices of true Motu are not used in Hiri Motu, it is possible to indicate tense by the use of the following tense "markers":

For past time	vadaeni
For present time	harihari (sometimes shortened to 'hari')
For continuous action	noho
For future time	dohore (sometimes shortened to 'do')

Of the above, "harihari" and "dohore" are placed at the beginning of the phrase; "vadaeni" and "noho" are placed at the end of the phrase.

Examples:

Ia digu vadaeni	he (or she) bathed, or has bathed.
Ia digu noho	he (or she) is bathing.
Harihari ia digu	also means 'he (or she) is bathing' but with less emphasis on the continuity of the action.
Dohore ia digu	he (or she) will bathe.

3.
OBJECT-PRONOUNS

The following may be added to transitive verbs:

-gu	me	-da	us (inclusive)
		-mai	us (exclusive)
-mu	you (singular)	-mui	you (plural)
-a (or -ia)	him, her, it	-dia	them

Take, for example, the verb 'durua' (help).

In this word, 'duru-' means 'help' and '-a' means 'him' (or her, or it), and the whole word means 'help-him' (or 'help-her' or 'help-it'). The -a can be replaced by any of the other suffixes listed above, thus:

duru-gu	help me	duru-mu	help you
duru-da	help us	duru-mui	help you
duru-mai	help us	duru-dia	help them

Examples:

idia durugu	they help me
lau durumui	I help you
ia duruda	he helps us

Only one complication arises in connection with these suffixes. When the verb itself ends in 'a', the suffix becomes '-ia', thus avoiding two 'a's following one another. Thus:

kara-	make or do	kara-ia	make it or do it

The word 'kara-ia' becomes a single word 'karaia' in which the 'ai' becomes dipthongised, and it is pronounced 'karaiya'.

In the same way, 'ita-ia' (see-him) becomes 'itaia' (pronounced 'itaiya'), and 'ala-ia' (kill-him) becomes 'alaia' (pronounced 'alaiya').

Many speakers of Hiri Motu do not use these suffixes. They treat 'durua' as if it simply meant 'help', and instead of saying 'idia durugu' for 'they help me', they say 'idia durua lau'.

There is no objection to this simplification if you find the suffixes too hard to learn. But, even if you don't learn all these suffixes, it is worthwhile learning the third person singular and plural ones, e.g. 'ala-ia' and 'ala-dia', for reasons which will appear in the next section.

4.
NOUNS

Nouns in Motu have only one form to indicate either singular or plural:

Thus: hanua means 'village' or 'villages'

ruma means 'house' or 'houses'

vanagi means 'canoe' or 'canoes'

manu means 'bird' or 'birds'.

In most cases some other word in the sentence will give a clue as to whether singular or plural is meant. One useful clue is that given by the object-pronoun suffix, which is used even when there is a noun as object. Thus:

boroma, pig or pigs; ala-ia, to kill.

Boroma ai alaia - We killed a pig. (Lit. Pig we killed-it).

Boroma ai aladia - We killed some pigs. (Lit. Pigs we killed-them).

Other clues will be referred to later. Where there is no such clue, some other word such as 'one', 'some' or 'many' must be used.

Possession, shown in English by 's or s', is indicated in Motu in two ways.

1. General.   By using the words:

   ena - his, her, its;   edia - their

Thus: mero ena vanagi - the boy's canoe (lit. boy his canoe).

hahine edia gaukara - the women's work (lit. women their work).

2. Special.   By suffixing '-na' (singular) or '-dia' (plural) to the second of the two nouns. This method is only used for parts of the body and personal relationships.

Thus: mero kwara-na - the boy's head (lit. boy head-his).

hahine natu-dia - the women's children (lit. women children-their).

Many speakers of Hiri Motu do not use this second method. They treat the '-na' suffix as part of the word itself, and form the possessive by the general method. Thus, for "mero kwarana" they say "mero ena kwarana", and for "hahine natudia" they say "hahine edia natuna". There is no objection to this if you find it easier.

The suffixes '-na' and '-dia' are also used very frequently with 'tau' (man) and 'gau' (thing) to form compound nouns.

Thus: hanua tauna - villager   hanua taudia - villagers

helai gauna - chair   helai gaudia - chairs

Two common nouns in Motu have special forms for the plural. These are not used by most speakers of Hiri Motu, but they are given here in case you meet them. They are:

tau - man   tatau - men

mero - boy   memero - boys

5.
ADJECTIVES

Here are some typical Motu adjectives:

namo - good   gageva - crooked
haida - some   momo - many

In most cases the adjective follows the noun to which it is attached, instead of being placed in front of it as in English.

Thus: manu momo - many birds

Many Motu adjectives take the suffixes '-na' and '-dia', with which you are now familiar, to indicate whether the nouns to which they are attached are singular or plural.

Thus: ruma namona - a good house

ruma namodia - good houses

Numbers also follow the noun. The number series starts as follows:

one - ta   first - gini gunana
two - rua   second - iharuana
three - toi   third - ihatoina

four - hani	fourth - ihahanina
five - ima	fifth - ihaimana

Note also: tamona - one only.

Examples:
vanagi hani	four canoes
ruma ihatoina	the third house
mero tamona	only one boy

You will notice that, in the above list, the numbers in the second column (excluding 'first') are derived from those in the first column by prefixing 'iha-' and suffixing '-na'.

Thus: toi - three   iha-toi-na - third

Although Motu has a number system extending to 100 000, most speakers of Hiri Motu use English numbers beyond five.

6.

POSSESSIVES

1. General.

lau-egu	my, mine
oi-emu	your, yours (singular)
ia-ena	his, her, hers, its
ita-eda	our, ours (inclusive)
ai-emai	our, ours (exclusive)
umui-emui	your, yours (plural)
idia-edia	their, theirs

These are placed before the noun thus: Lauegu boroma - my pig.

Note that ia-ena is generally shortened to iena, and ita-eda is often shortened to iseda.

Note also that the first half of the word is frequently dropped, and the shortened forms 'egu', 'emu', etc., are used.

Thus: egu boroma   for   lauegu boroma

2. Special.   For parts of the body and personal relationships only.

lau (noun) -gu	my, mine
oi (noun) -mu	your, yours (singular)
ia (noun) -na	his, her, hers, its
ita (noun) -da	our, ours (inclusive)
ai (noun) -mai	our, ours (exclusive)
umui (noun) -mui	your, yours (plural)
idia (noun) -dia	their, theirs

Once again, the initial word - 'lau', 'oi', etc., may be omitted.

Thus: lau kwaragu (or simply, kwaragu) - my head

umui tamamui (or simply, tamamui) - your father (or fathers).

Here again many speakers of Hiri Motu do not use this special form, but treat the '-na' suffix as part of the word itself and form the possessive by the general method.

Thus: for 'lau kwaragu' they say 'lauegu kwarana'

and for 'umui tamamui' they say 'umui-emui tamana'.

It may be noted that many speakers of Hiri Motu who say 'lauegu tamana' when speaking about their father say 'tamagu' when speaking to him. In present day usage the phrase 'tama bona sina' (without suffixes) is frequently used for 'parents'.

7.

DEMONSTRATIVES

inai - this or these   unai - that or those

These are placed in front of the noun thus:

inai boroma - this pig or these pigs

unai nadi - that stone or those stones.

Note also:

iniseni or iniseni ai - here

unuseni or unuseni ai - there

Also:

iniheto - like this.   unuheto - like that

Alternatively:

inai bamona - like this   unai bamona - like that

Most speakers of Hiri Motu prefer to use the latter of these alternative forms.

Thus: inai bamona oi karaia - do it like this

unai bamona oi henia - give it like that

8.

IMPERATIVES

As already mentioned in Section 2, the second person singular and plural forms of the verb can be used as imperatives, that is, commands and prohibitions.

Examples: Oi lao!   Go!   (singular)

Umui lao!   Go!   (plural)

Oi lao lasi!   Don't go!   (singular)

Umui lao lasi!   Don't go!   (plural)

Before continuing, study Sentence Pattern 5 and 6. Sentence Pattern 14 explains how to give indirect commands.

9.
INTERROGATIVES

Daika?	Who? Whom?	Daika ena?	Whose?
Dahaka?	What?	Dahaka dainai? ⎫ Badina dahaka? ⎭	Why?
Edeheto? Edana bamona? ⎫⎭	How?	Edeseni? Edeseni ai? ⎫⎭	Where?
Hida?	How many?		
Edana?	Which?	Edana negai?	When?

(Edana is sometimes spelt and pronounced Edena)

Examples:

Unai mero daika?	Who is that boy?
Inai gau dahaka?	What is this thing?
Dahaka oi karaia?	What are you doing?
Edana bamona ai karaia?	How shall we do it?
Gwarume hida oi mailaidia?	How many fish have you brought?
Edana kaia oi ura?	Which knife do you want?
Inai ira daika ena?	Whose axe is this?
Badina dahaka oi abia lasi?	Why didn't you get it?
Lauegu aniani edeseni ai?	Where is my food?
Edana negai ia mai?	When did he come?

Just whereabouts in the sentence you put the question is not very important. But note that 'hida' always follows the noun it refers to, while 'edana' always precedes it.

Note also that Papuans say, "Oi ladamu be daika?" (literally, "Who is your name?"), never "Oi ladamu be dahaka?"

Avoid questions in negative form, as the answers you get may confuse you. If you ask a Papuan, "Ia mai lasi?" (Hasn't he come?), and he answers, "Oibe" (Yes), he means, "Yes, he hasn't come." If the person asked about has come, he will answer, "Lasi, ia mai." (No, he has come.)

10.
PREPOSITIONS

A preposition is a word placed in front of a noun to form a phrase which does the work of an adjective or adverb. Such words are used in Motu, but are placed after the noun, not before it, and should therefore properly be called "postpositions".

The basic postposition in Motu is 'ai', which may mean 'in', 'on' or 'at'. Thus:

maua ai - in the box; pata ai - on the table; Konedobu ai - at Konedobu.

Note: In the first two examples above, 'maua ai' is elided to 'mauai' and 'pata ai' to 'patai'.

From this simple postposition a number of compound postpositions can be formed; for example:

lalo-na-ai	elided to lalonai	in, inside
lata-na-ai	elided to latanai	on, on top of
henu-na-ai	elided to henunai	under, underneath

Thus:

maua lalonai	inside the box
maua latanai	on top of the box
pata henunai	underneath the table

You will notice that the first two phrases above enable one to avoid the ambiguity of 'maua ai', which could mean either 'in the box' or 'on the box'.

Here are some further postpositions of this kind:

vaira-na-ai	in front of	deke-na-ai	at
muri-na-ai	behind	dekena amo	from
murimuri-na-ai	outside	bogaragi-na-ai	in the middle of
badibadi-na-ai	beside	ihua-na-ai	between
		dai-na-ai	on account of

The '-na' in these compound postpositions is our old friend the personal suffix, and it can be replaced by any of the other personal suffixes already met with.

maua lalodiai (lalo-dia-ai)	inside the boxes
lau henuguai (henu-gu-ai)	under me

Many speakers of Hiri Motu do not ring these changes, saying, for example, "lau henunai" for "lau henugu ai". But the trick is a useful one and well worth learning.

There are two other simple postpositions which need to be noted, namely:

'amo', meaning "with" in the sense of "by means of";

'ida', meaning "with" in the sense of "in the company of".

Examples:

Ira amo ia utua	he cut it with an axe
Tamana ida ia mai	he came with his father.

Many speakers of Hiri Motu would say, "Ira dekena amo ia utua", or even "Ira dekenai ia utua".

A very widespread usage is 'danu' (also) in place of 'ida'. This seems to be an unnecessary and perverse distortion of correct Motu usage. If 'ida' is not used, it would be preferable to use 'bona' (and), thus: "Ia bona tamana idia mai".

11.
OTHER PARTS OF SPEECH

ADVERBS

Many adjectives can be used unchanged as adverbs, thus:

goada   strong or strongly

Some adjectives are duplicated to form adverbs. In doing so, they may change their meaning, thus:

Namo - good   namonamo - carefully

Adverbs which modify adjectives always follow the adjective, thus reversing the English word order. For example:

namo herea - very good

Adverbs which modify verbs generally follow the verb, thus:

oi karaia namonamo   do it carefully

umui veria goada   pull it strongly

CONJUNCTIONS

bona - and   bena, vadaeni - then

eiava - or   a, to - but

bema - if   badina - because

                ia lao (bona) - until

The above can be used as in English, but the two listed below must be placed at the end of the sentence. They are:

garina - lest (from 'gari' - fear)

totona - in order to, in order that

Examples:

Oi raka namonamo, oi keta garina.

    Walk carefully, lest you fall.

Sinavai dekenai ia lao, haoda totona.

    He went to the river (in order) to catch fish.

ARTICLES

There are no specific Motu equivalents for "a" and "the". "Ta" (one) may sometimes be used for "a", thus: magani ta - a wallaby. "Inai", "unai" and "hari" may sometimes be used for "the"; thus:

unai kekeni - the girl

In general, however, the words "a" and "the" are not expressed at all.

INTERJECTIONS

These are single words used by themselves. Note the following:

oi, oibe - yes	lasi - no
momokani - certainly	dohore - bye-and-bye
sedira - perhaps	vadaeni - Enough! That'll do!

12.

"TO BE" and "TO HAVE"

When "to be" is used as a copula, the particles "na" and "be" may be used, but their use is not obligatory. Thus:

'Ia be mero namona' or 'Ia na mero namona'

   He is a good boy

But 'ia mero namona' suffices.

When "to be" means "to exist", the word "noho" may be used. Thus:

Bita ta maua lalonai ia noho -- There is a rat in the box.

There is no Motu verb equivalent to "to have" in the sense of "to possess", e.g. in such sentences as 'I have a dog' and 'He hasn't a dog'.

In true Motu one would say "Lau na mai egu sisia" for "I have a dog", (literally, 'I with my dog'). For "He hasn't a dog" one would say "Ia na asi ena sisia", (literally, 'He without his dog').

There are no standardised forms in Hiri Motu for these expressions, and the following are suggestive only. For "I have a dog", try "Lauegu sisia ta ia noho", OR "Sisia ta ia noho lau dekegu ai", OR (if you want to be very barbarous) "Sisia ta ia noho lau dekenai".

For "He hasn't a dog", try "Sisia ta lasi ia dekenai".

13.

AUXILIARY VERBS

HENIA

In its own right, "henia" means "to give". In true Motu, and in Hiri Motu, it is frequently used as an auxiliary having the effect of turning an intransitive verb into a transitive one.

Examples:

   'ura' - to want, or, as a noun, a wish

   'ura henia' - to desire (something) or to love (someone)

   'hereva' - to speak, or, as a noun, speech

   'hereva henia' - to speak to (someone).

In Hiri Motu, in addition to being used this way, the use of "henia" has been extended to expressions in which a transitive verb is used as a noun.

Example:

> durua ia henia - he gave him help, i.e. he helped him.

Actually this usage, though very common, is unnecessary, since "ia durua" expresses the meaning adequately.

DIBA

In its own right "diba" means "to know" or "to understand". It can also be used as an auxiliary with the meaning of "to know how to do" or "to be able to".

Examples:

oi karaia diba?	Do you know how to do it?
oi lao diba?	Are you able to go?

GWAURAIA

In its own right "gwauraia" means "to announce" or "to proclaim". In Hiri Motu it is also used as an auxiliary with the meaning "to wish to".

Example:

Lau abia gwauraia	I would like to take it.

The same meaning can be equally expressed by "Lau ura lau abia".

DAEKAU

In its own right, "daekau" means to ascend to and reach a place, e.g. to go up from the ground on to the verandah of a house. In Hiri Motu it is often used as an auxiliary with the meaning of "to increase".

Examples:

Ia tubu daekau	it grew up, or it expanded
Ia bada daekau	it became bigger
Ia goada daekau	he became stronger.

14.

THE SUBJECT MARKER

Due to the fact that the word order of a Motu sentence may be either Subject-Object-Verb, or Object-Subject-Verb, ambiguity may arise in some cases.

For example, the sentence "Inai mero boroma badana ia alaia" may mean either "This boy killed a big pig" or "A big pig killed this boy".

To get over this difficulty a subject marker or indicator may be used. In Motu, this marker is "ese", and is placed immediately after the subject of the sentence. Applying this to the above sentence we now get:

Inai mero ese boroma badana ia alaia - This boy killed a big pig

or alternatively:

Inai mero boroma badana ese ia alaia - A big pig killed this boy.
(Literally, This boy, a big pig killed him.)

Sentence Pattern No. 8 will help you to acquire the trick of using the Subject

Marker. Don't over-use it. Use it only when the sentence would be ambiguous without it. Never use it in a sentence in which the verb is intransitive.

15.

THE PREPOSITION 'TOTONA'

The preposition "totona" is often misused in Hiri Motu. "Totona" means 'in order to' or 'for the purpose of'.

Example:

    Lau mai haoda totona   I have come to fish.
                                       (I have come for the purpose of fishing.)

Compare this with:

    Lau mai gorere dainai   I have come because of sickness.

There is no such word as "totonai"

SENTENCE PATTERNS

Sentence Patterns 1 to 8 illustrate forms set out in the Grammar Section of this book. Sentence Patterns 9 to 14 show you how to build up more complex sentences involving subordinate clauses.

SENTENCE PATTERN 1

1	2	3
Lau	helai	lasi
Oi	kiri	noho
Ia	digu	vadaeni
Ita	mai	
Ai	lao	
Umui	diba	
Idia	kamonai	

Make sentences with any word from Column 1 and any word from Column 2. Make more sentences by adding a word from Column 3.

SENTENCE PATTERN 2

1	2	3	4
Harihari	lau	duru-	-gu
Hari	oi	abi-	-mu
Dohore	ia	heni-	-a
Do	ita	ato-	-da
	ai	mailai-	-mai
	umui	laohai-	-mui
	idia		-dia

Make sentences with a word from Column 2, a word from Column 3 and a suffix from Column 4. Make more sentences by prefixing a word from Column 1.

SENTENCE PATTERN 3

1	2	3	4
Maua	lau	karaia	lasi
Ira	oi	abia	noho
Kaia	ia	mailaia	vadaeni
Pata	ita	laohaia	
Vanagi	ai	itaia	
Helai gauna	umui	hoia	
	idia		

Make sentences with words from Columns 1, 2 and 3. Then make more sentences by adding a word from Column 4.

SENTENCE PATTERN 4

1	2	3	4
Maua hani	lau	karadia	lasi
Ira momo	oi	abidia	noho
Kaia namodia	ia	mailaidia	vadaeni
Pata haida	ita	laohaidia	
Vanagi toi	ai	itadia	
Helai gaudia	umui	hoidia	
	idia		

Make sentences with words from Columns 1, 2 and 3. Then make more sentences by adding a word from Column 4.

SENTENCE PATTERN 5

1	2	3	4
Oi	gini	lasi	iniseni ai
Umui	helai		unuseni ai
	noho		
	hekure		
	mahuta		
	atoa		
	karaia		

Make sentences from words in Columns 1 and 2. Then make more sentences with words from Columns 3 and/or 4.

SENTENCE PATTERN 6

1	2	3	4	5	6
Inai	kaia	oi	mailai-	-a	lasi
Unai	ira	umui	laohai-	-dia	
Tamagu edia	aniani		abi-		
Kakamui edia	biku		ato-		
Hahine edia	niu		tahu-		
Unai mero ena	buatau		huni		
Inai kekeni ena	boroma		nari-		

Make sentences from Columns 1 to 5. Then make more sentences by adding "lasi" from Column 6.

SENTENCE PATTERN 7

1	2	3	4	5	6
Inai	kaia	maua	latanai	oi	atoa
Unai	aniani	pata	henunai	umui	davaria
Lauegu	gatoi	helai gauna	murinai		tahua
Iena	kuku	geda	vairanai		
Ai-emai	kavabu		badibadinai		
Idia-edia	revareva		dekenai		

Make sentences by taking one word from each column.

SENTENCE PATTERN 8

1	2	3	4	5	6
Inai mero	ese	boroma	momo	ia	aladia
Unai tau		magani	haida		hoidia
Lau tamagu		gwarume	ima		davaridia
Oi kakamu		manu	namodia		henaodia
Ia turana			badadia		

Make sentences by taking one word from each column.

SENTENCE PATTERN 9 (Adjective Clauses)

1	2	3	4	5	6
Magani	hoi-	-a	tauna ia	mai	(lasi)
Boroma	henao-	-dia	taudia idia	lao	
Gwarume	abi-			noho	
Biku	mailai-			heau	
Maho	nadu-				

Example:

    Biku henaodia tauna ia heau - The man who stole the bananas has run away.
    (Literally: Bananas stole-them man-who he ran.)

SENTENCE PATTERN 10 (Adjective Clauses)

1	2	3	4	5	6
Lau	karaia	gauna	oi	naria	(lasi)
Ai	davaria		umui	negea	
Ia	hoia			hunia	
Idia	abia			gaukaralaia	

Example:

    Idia hoia gauna oi negea lasi - Don't throw away the thing which they bought.
    (Literally: They bought thing-which you throw-away not.)

NOTE: Many other nouns, with -na or -dia suffixed, can be used in this way as a link between clauses; e.g. Uma idia hadikaia boromadia lau pididia. - I shot the pigs which spoiled the garden.
(Literally: Garden they spoiled pigs-which I shot.)

SENTENCE PATTERN 11 (Time Clauses)

1	2	3	4
Gaukara ia ore	neganai	lau	mahuta
Medu ia diho		ita	aniani
Tamagu ia mai		ia	digu
Vanagi ia heau		idia	moale

Example:
    Tamagu ia mai neganai ita aniani - When my father comes we will eat.
    (Literally: Father-my he comes time we eat.)

SENTENCE PATTERN 12 (Place Clauses)

1	2	3	4
Dala ia dika	gabunai	lau	keto
Gaigai ia noho		ita	roho
Tano ia paripari		ia	giroa
Boroma ia hekure		idia	naria

Example:
    Tano ia paripari gabunai idia roho. - Where the ground was wet, they jumped.

SENTENCE PATTERN 13 (Conditional Clauses)

1	2	3	4	5	6
Bema	ia	mai	(lasi)	lau	badu
	idia	lao		ai	moale
	oi	karaia			gari
	umui	henia			taitai
		abia			kiri

Example:
    Bema oi karaia lasi lau badu - If you don't do it, I shall be angry.

SENTENCE PATTERN 14 (Indirect Commands)

1	2	3	4
Oi	hamaoroa ia	lao	(lasi)
Umui	hamaorodia idia	mai	
		heau	
		aniani	
		mahuta	

Example:
    Oi hamaorodia idia mahuta lasi. - Tell them not to sleep.

PART TWO

DICTIONARY OF HIRI MOTU TO ENGLISH

A

a: but
a?: interrogative marker
-a, -ia: him; her; it (transitive suffix)
abata: flood; current
abia: get; take; receive; have; accept; acquire; catch; succeed; attain
abia dae: accept; assent; believe; agree; receive people
abia hidi: choose; pick; elect; assign (someone)
abia isi: raise; lift up
abia lao: take and go
abia lou: regain; recover; get back
abia mai: bring; go and get
abia oho: take away; remove; subtract
abia vareai: bring inside; recruit; enlist
abidadama: trustworthy
abidadama henia: trust in; have faith in
abitore, abitorehai: credit; borrow; obtain credit; debt
abona: testicle; scrotum
adavaia: marry; give in marriage
adavana: husband; wife; spouse
adena: chin
adena huina: beard
adorahi: afternoon; evening
aeani, aeania: iron, press clothes
ae badau: (C) elephantiasis
ae dikana, ae hedairike: lame; crippled
ae gabuna, ae gabudia: footprint; footprints
ae geduna: heel
ae herahera: anklet
ae kavakava: barefoot
ae kwakikwaki: toe
ae lalona: sole
aena: foot
agenisi: disagreement; conflicting; contrary; opposed
ageva: beads; necklace
ageva turia: string beads
agi: ginger
ahavaia: chase
ahebade, ahebadelaia: (C) accusation, complaint; accuse; summons
ahekwakwanaia: (C) cause to stumble; cause trouble to
ahelalolaia: remind; remember
ahemaoro henia: judge; arbitrate
ahenamo: blessing
ahetohoa: measure; compare
aheauka, aheaukalaia: be patient; endure; put up with
ahia, aiha: centipede
ahu: lime (shell); lime container
ahuna: share; reward
ai: we (exclusive)
-ai: at; on; in (postposition)
aiha, ahia: centipede
aiona: neck
aisi: ice; frost; snow; hail
aivara: canoe pole
alaala: killing
alaala tauna: killer
alaga: seaweed
alaia: kill; murder; slaughter
ami, ame: army
ami tauna: soldier

amo: from; with (in sense of 'by means of'); out of
ampaea: umpire
ane: song; hymn
ane abia: sing
aneru: angel
Ani?: 'Isn't that so?' (Interrogative marker)
ania: eat
aniani: food; meal
aniani momo: feast; banquet
Anibou Helaga: Holy Communion
anina: contents; body; meaning; substance
ansa: answer; reply
aonega: wise; prudent; skilful; wisdom; prudence; ability; skill
apena: wing
aplikesini: application (for job)
apolo: apple
ara: stick fence
araia: burn
aria: banquet; feast
ariara: street
ariara hahine: harlot; whore; prostitute
ariara natuna: bastard; illegitimate child
ariha: lizard; goanna; iguana
aru: current; tide
asena: liver
asi: (C) canoe (without outrigger)
asimana: sneeze
ataga: sago cake; potsherd
ataiai: above; high; over; aloft
atoa: put; place; attach; contribute
atoa hebou: put things together
atoa namonamo: put in order; arrange; adjust; pack
atoa siri: expel; excommunicate
au: tree; wood; stick
auauna: tool handle; gun-stock
au gabana: tree trunk
au nadinadina: seed; nut; pip
au rauna, au raurau: leaf
au rigina: bough; branch
au todena: sap
au tubua: mast
auka: hard; tight; tough; stiff; frozen; rigid; difficult
auka herea, auka masemase: very hard; tight, tough, etc.
auki: lower jaw; chin
auki huina: whiskers; beard
aupbod: outboard driven canoe; outboard motor
auri: iron; steel; metal
ava: weeds
aveni: oven; stove

B

ba: bar; tavern; hotel; pub
babalau: sorcery; witchcraft
bada: big; great; important; size
bada herea momokani: gigantic; huge
badibadinai: alongside of; beside
badina: base of something; source; cause; reason
Badina dahaka?: Why?
badinai: alongside

badu: anger; angry; cross; irate

badu dikadika: furious
badu kava: angry without cause
baege, baeke: bag; sack; haversack; pack
baguna: forehead
baik, basikele: bike; bicycle
Baeke, baege: bag; sack; haversack; pack
baimumu: owl
baketi: bucket; pail
Bamahuta!: Good-night! Good-bye! Farewell!
bamoa: accompany
bamona: comrade; companion; mate; friend
bamona: like; similar to; same as; about; nearly
bamepa, bampa: traffic accident; collision; bump; crash; collide
bandesi: bandage; dressing
bania: mend; patch
banika: Savings or Trading Bank
bapatiso; bapatisoa: baptism; baptize
bara: oar
baragi: lung
baraia: row a boat
barasi: brush
baribara: cross-wise
bariki: barracks; village rest house
basi: bus; passenger vehicle; PMV
basileia: kingdom
bata: butter
bate: cricket or baseball bat
batere: battery
baturo: hiccough
baubau: bamboo; bamboo smoking pipe
bava: crab
be: linking word (Not equivalent to English verb)
beberoho: kapok; cotton wool
bedi: spoon; bed; bunk; couch
beibi: baby; infant
beikini pauda: baking powder
beleta: belt; strap; waistband
bema: if
bena: then; so
bensini, bensin: benzine; petrol; gasoline
beredi: bread
bero: wound; hurt
bese: nation; tribe; descendants
besini: basin (metal)
bia: beer
biaguna: master; owner; boss; supervisor; overseer
biagua: oversee; supervise; boss; control
bibina: lip
bibo: Jew's harp
biku: banana
bilakbodi: blackboard
bilankesi: blanket
bili: bill; account; debit note
bilikani: billy can
biluga: earthworm
bini, bine: bean
birairo: large tree-ant
biria: jostle; push around
biri: thatch; sago leaf
biriki: brick
bisi: busy; occupied
bisinesi: business; commerce; firm; company; job; work
bisisi: shellfish
bisikesi: biscuit; cookie
bisop: bishop
bita: rat
bita maragi: mouse
bita rikiriki: rat-trap
biugili: trumpet; bugle
boboro: hornbill
bodaga: rotten; decayed
bodo: extinguished
bodi: board (of management, directors etc.)
bogana: stomach; abdomen; belly; womb
boga auka: brave; stubborn; bold; courageous
bogahisihisi: compassion; pity; mercy; sorrow
bogaraginai: in the centre; amid; among; between
bogarau: bowels; entrails
bogibada: hawk
boha: (C) bald (see also 'kebere')
boiboi: call out; shout; invite; beckon
boila: boil; bubble (of water)
boilaia: announce
boio: lost; astray
boiria: call; beckon; summon
bolo: ball
boloa: substitute; change; replace; swap
bomu: bomb; grenade; shell
bomua: to bomb
bona: and
bonaia: to smell
bonana: smell; scent
boroma: pig; large animal
boromakau: cow; buffalo; cattle; bull; beef
bosea: basket
bosi: boss; overseer; manager; supervisor
botaia: hit; strike; assault; beat
botolo: bottle; jar
bou: bow (of ribbon or string)
boubou: church offering
bouti: boat
breisi: brace (tool)
buatau: betelnut
bubua: spill; pour; upset
budua: drill
buka: book
bukini: account; credit; book up; charge
bulelamu: (C) garden slug
buleti: ammunition; bullet; cartridge
bulitini: bully beef; canned meat; corned beef
buloa: stir; mix
bulu: blue
bunu: coconut husk
buru: blunt
buruka: old (of people)
burumu: broom
butubutu: (C) clam

D

daba: morning
daba matana: daybreak
dabaraia: serve food
daba rere: dawn
dabu: lack; be in need of
dabua: clothes; cloth; apparel; attire; sheet
dadai: slack; loose fitting
dadaira: ditch; trench; drain
dadabaia: beat; flog

dadaraia: reject; despise
dadia, dadidadi: snatch; grab
dae: up
daedae: stingray
daekau: ascend; climb; grow
dagadagana: groin; crotch
dagedage: wild; savage; cruel; violent
dagi: occupation; job; position; vocation
dagi bada tauna: prominent person
dagi maragi tauna: unimportant person
dagwala: eel
Dahaka?: What?
Dahaka dainai? Why? What for?
dahua: rub; wipe
dai: dye
daiguni: corner
Daika?: Who?
Daika ena?: Whose?
dainai: because of; on account of
dairia: sprinkle; water
daiutu: room; partition
daki: duck
dala: road; way; track; way of life; custom; opportunity
dala lasi: no road; impossible; no chance
damaru: umbrella
damena: salt
danu: also; besides; too; as well
dara dae: ascend
daradara: doubt; hesitate; confused; undecided; uncertain
daramu: keg; drum; cask
darea: tear; rip; torn
darere: overcome; defeated
darima: outrigger
daroa, darodaro: sweep
darodaroa: pet; stroke
darura: bed bug
daua toho: feel (with hand)
daudau: distant; faraway; remote
davana: wages; pay; money; price; cost
davara: sea; ocean
davaria: find; discover; attain; reach
davea: rock; swing; wave hand
dedi, dedidedi: slip; slippery
dehe: verandah; porch
dehoro: coconut oil
dekena amo: from
dekenai: to; at; on; beside; because of; with; for; concerning; about; aboard
dekena tauna: neighbour
demaria: lick
deresi: dress; frock
-dia: them
dia: deer
diabolo: devil
diadi: judge; magistrate
diage: jack; jug
diami: jam
diari: light; beam; ray; shine; glow
diba: know; understand; able to; acquainted with; knowledge; understanding; ability; skill
diba: arrow
diba tahua: learn; study
dibura: dark (not light); gaol; prisoner
dibura tauna: prisoner
dieli: jelly
diesi: jersey; jumper; sweater
dieti pileini: jet plane

digara: fat; sweet
digina: edge
digu: wash; bathe
diho: descend; down
dihu: dish; bowl (wooden)
dika: bad; evil; wrong; dangerous; damaged; decayed; harmful; unserviceable
dikadika: extremely; very much; badly
dimairi: ant
dina: sun; day
dina diari: sunshine
dina gauna: clock; watch
dina gelona: mid afternoon
Dina Helaga: Sabbath
dina tubua: noon
Dirava: God
diredire: flying squirrel
dirili: drill (exercise)
disi: dish; bowl; plate
distriki: district
diuna: elbow
do, dohore: shall (future indicator)
doana: horn; tusk; antler
doadoa: scorpion
doaia: pole a canoe
dobu: deep; depth
dodo: absorbed; soaked up
dodoa: absorb; soak up
doe: famine
dogae: widower
dogeta, doketa: doctor; physician
dogo: anchor
dogo negea: drop anchor
dogoa tao: hold; seize; restrain; keep; arrest
dohore: presently; bye and bye; just a minute; later; shortly
doko, dokona: stop; finish; cease; end; cessation
doketa, dogeta: doctor; physician
dola: dollar
doma: leech
doniki: donkey
doria: thrust; shove; push
dorina: tip; summit; top
doroa: drawer
doruna: back (a person's)
doru turiana: backbone; spine
doua: set fire to; burn off
draiva: drive (vehicle)
du: wooden post
duahia: read; count; add up; calculate
duaria: comb
duba: (C) grey
dubara: small crab
dubina: tail of bird
dubu: sacred platform; sacred building; church
duduia: offer
dui: banana plant
durua: help; aid; assist; support

E

E!: Oh! Ah!
eda: our; ours (Inclusive)
Edena?: Which?
Edena bamona? Ede bamona?: How? Why?
Edena negai?: When?

Ede amo?: Whence? From where?
Edeheto?: How? How are you?
Edeseni? Edeseniai?: Where?
edia: their; theirs
egeege: sloping; steep
egu, -gu: my; mine
eiava: or
eidipos: aid post; dispensary
ekalesia: church (members or institution)
ela bona: until (later)
elekseni: election; ballot; vote
ema bona: until (previous)
emai, -mai: our; ours (exclusive)
emu, -mu: your; yours (singular)
emui, -mui: your; yours (plural)
ena, -na: his; hers; its
endini, indini: engine; motor
eregabe: (C) young married person

F

fada: priest
faktori: factory
famili: family
fani: funny; amusing; comical; comedy
fiva: fever
fobaitu: timber beam
foka: fork
foloa: floor
fomu: form; document
fosia: force; compel
foto: photograph
fraipani, fraipania: frying pan; fry
frisa: refrigerator

NOTE: Although the letter 'f' is not a Motu consonant, certain words in which the initial letter was formerly pronounced with a 'p' sound are now fairly firmly entrenched in Hiri Motu with the 'f' sound. It will be noted that they are all introduced words and that some older speakers may still pronounce them as beginning with 'p'.

G

gaba: drum; bell
gabana: trunk of body; trunk of tree; waist
gaba mauru: (C) window
gabani: childless
gabeai, gabeamo: afterwards; later; eventually
gabena: last; stern of ship
gabu, gabuna: place; area; region; site
gabuna abia tauna: successor; heir
gabua: burn; cook; roast; bake
gadara: play games; play musical instrument; game; sport
gadara henia: amuse; tease
gadaralaia: play with; play on
gado: language; dialect
gado baubau: wind pipe
gado boiboi: belch; hiccough
gado hanaia: interpret
gadona: throat; voice
gadobada: high seas; ocean
gadoi: few
gadoka gadoka: green; blue

gaga: (C) ladle
gagaia: sexual intercourse
gageva: crooked; curved; bent
gahi: (C) stone club
gahusia: envy; lust; covet
gaigai: snake
gaigaigaigai: grub; worm; maggot; caterpillar; germ
galasi: drinking glass; spectacles; looking glass; mirror
galo: crow; blackbird
gana: armlet
ganagana: moan, groan
gani: gun; rifle
gano: sharp
gara gabuna: cemetery
garana: descendants
gari: afraid; alarmed; frightened; fear
garina: lest; beware of (as in 'Moru garina - Careful, don't fall').
garugaru: joint of limb
gatoi: egg; chrysalis
gatoi koukou: egg shell
gau, gauna, gaudia: thing; baggage; belongings; luggage; possessions
gauaia: (C) chew
gaukara: work; duty; business; job
gaukaralaia: use
gaulatalata: tall; high
gava (C), gavaia: (C) haste; hurry
Gavamani: Government; Administration; Cabinet
Gavana: Governor; Administrator
gavera: (C) mangrove
gea: gum tree
gegea: encircle; go around
geda: mat; carpet
geiti: gate
geia: dig; scoop out; cultivate
geigei: harvest
geregere: pandanus; screw palm
gero: tortoise
gida: ember
gigia: squeeze
gilia (C), giligili: tickle; tickling
gimaia: guard; protect; defend; tend
gini: stand
ginidae: arrive; reach; happen
ginigini: thorn
gini gunana: first
girisi: grease; fat
girisi muramura: ointment
giroa: turn; stir; mix; revolve
giroa lou: turn back; return
giroa mai: come back
gita: guitar
goada: strong; active; courageous; vigorous; strength; courage; vigour
goada momo: mighty
gobea: catch in hands
goeva, goeva goeva: clean; pure; clear
goeva dae: perfect
gogoa: gather; accumulate
gohu: lake; lagoon; swamp; bay; cove
golo: gold; goal (football)
golobu: light bulb; globe; torch bulb
gorea: deny
gorere: sick; ill; sickness; illness
gori: legend; myth; story
goru: lie flat on stomach

gou (C), **goua**: (C) bruise; blister
-gu: my; mine
guava: guava fruit
guba: sky; storm
gudu: swell; swelling
guhi: roof
gui, guia: ride
guia: tie; entwine; bandage
guna: the past; old; ancient; early; before
gunaguna: in olden times; formerly
gunalaia: lead; conduct; guide
gunalaia tauna: supervisor; leader; overseer; headman; director; captain; manager
gunana: old; obsolete
gunika: inland
gurea: (C) seasick
guri: pit; grave
guri gabuna: cemetery
guriguri: pray; prayer
gwadaia: stab; spear; impale; perforate; pin; prick
gwarume: fish
gwau: say; assert; affirm; declare
gwaugwau henia, gwaudika henia, gwau henia: abuse; grumble; complain; reprimand; scold
gwaua tao: forgive; forbid; exempt
gwau edeede: disobedient; disobey
gwauhamata: promise
gwauhamatalaia: promise something
gwau henia: scold; abuse; accuse; admonish
gwaumaoro pepana: permit; license
gwauraia: say; affirm; declare; assert
gwauraia guna: predict; foretell
gwau: guess

H

ha-: causative prefix
haaraia: set fire to; light a fire
haaukaia: tighten; solidify; freeze
haba: house wall
habadaia: enlarge; multiply; increase; multiplication
habadea: (C) accuse; report someone
habadelaia: sue; make accusations; complain
habadua: make angry; annoy; provoke; vex
habapatisoa: baptise
haberoa: injure; wound; hurt
habodoa: extinguish; put out fire; switch off
haboioa: lose
haboua: gather; collect; accumulate; add; assemble; group together
hadabua: deprive
hadaea: (C) hoist
hadaradaraia: (C) confuse
hadarerea: (C) defeat
hadiaria: illuminate; enlighten; polish
hadibaia: teach; educate; instruct; inform
hadigua: bathe someone
hadihoa: let down; lower; depose; divorce
hadikaia: spoil; ruin; damage; destroy; abuse; condemn; persecute; humiliate; defile; assault; rape
hadoa: plant (seeds, crops etc.)
hadohado: sowing; planting

hadokoa: stop; finish; conclude; dismiss (an employee); abolish; end; terminate
hadonoa: (C) swallow
haduaia: command; order
haere: answer; reply
hagabia: (C) half fill; half empty
hagagevaia: bend; make crooked
hagahaga: cliff; rampart; steep
hagania: command; order
hagaria: frighten; terrify; alarm
hagaua: (C) add; calculate; estimate
hagegea: surround
hagerea: (C) look at; glance
haginia: build; erect; raise; institute; establish
hagoadaia: strengthen; encourage
hagoevaia: clean; scour; polish
hagorua: (C) turn upside-down
haharagaia: accelerate; put on speed
hahavaia: see 'ahavaia'
haheaua: put into motion; drive vehicle, boat, etc; put to flight
haheauka, haheaukalaia: see 'aheauka'
hahebade: (C) see 'ahebade'
hahegeregerea: make equal; level off; compare
hahekwakwanaia: (C) see 'ahekwakwanaia'
hahelagaia: consecrate; hallow; sanctify
hahelalolaia: see 'ahelalolaia'
hahemaraia: put to shame; embarrass
hahemaoro henia: see 'ahemaoro henia'
hahenamo: see 'ahenamo'
haheraia: decorate; adorn; ornament
hahetohoa: see 'ahetohoa'
haheudeheudea: (C) shake; rock
hahine: woman; married woman; female
hahisia; hahisihisia: cause pain to; afflict; torture; torment; hurt
hahoaia: astonish; surprise; amaze; excite
hahodi: sigh; breathe; breath
hahonua: fill
hahururua: blow into a fire; fan a fire
hahururuhururua: polish; shine up
haida: some; some more; any
haidaua: make different change; adapt; adjust; alter
hairaina: beauty; good looks
hakala: pay attention; listen
hakamoa, hakamoatao: stick together; glue; fuse together
hakaua: lead; guide
hakaukaua: dry; dry out
hakerua: freeze; make cold; chill
hakwadogia: shorten; abbreviate; reduce in length
hakwaidua: break sticks etc.
halataia: lengthen; extend; stretch
haloua: send back; answer; return something
halusia: defeat; spend (money); beat in contest; conquer; surpass
hama: hammer
hamakohia: weaken; loosen; soften
hamaoroa: tell; notify; proclaim; state
hamaoromaoroa: straighten; correct; settle
hamaragia: reduce; decrease; make smaller
hamasea: kill; murder; execute
hamatamaia: start; originate; invent; begin; establish
hamatamataia: renew

hamauria: cure; rescue: save life
hamiroa: make dirty; pollute
hamoalea: make happy; entertain; charm; please; amuse
hamomokania: confirm; fulfil; prove; ratify; verify
hamorua: drop; defeat; knock something down
hamotua: snap (rope, etc.)
hanaia: go past; cross; surpass; pass; go around; beat in a race
hanaia gorere: contagious or infectious disease; epidemic
hanaihanai: forever; always; eternally; continually
hanamoa: make good; do good to; heal; bless; benefit; praise; commend
hanamo henia, hanamoa henia: thank; be grateful
hane ulato: unmarried girl; virgin; maiden
hani: honey
hanibi: bee
hanina: wing
hanogaia: wake someone
hanua: village; town; settlement
hanuaboi: night
hanuaboi manu: owl
haoa: (C) awaken; rouse
haoda: go fishing
haorea: complete; finish; abolish; accomplish
hapararaia: separate; split
haparia, hapariparia: make wet; dampen
hapoua: strike a match; fire off; explode something
haraga, haraga haraga: quick; easy; light in weight; brief; prompt; rapid; swift
harahua: kiss
harana: (C) brain
hari, harihari: now
hari dina: today
haria: divide; share; portion out
harihari, harihari bada: goodwill, generosity
harihari henia: give a present
harina: (C) news; fame; reputation
harohoa: bounce a ball; erase
haroro: preach
haroroa: (C) stretch; pull tight
haruaia: double; second a motion
hasakia: sack; dismiss
hasatauroa: crucify
hasi: hatch of ship
hasiahua: heat up; warm up; charge a battery
hatoa: (C) give a name to
hatua: plait; weave
hatubua muramura: baking powder; yeast
hatubua daekau: develop; progress
hauraia: (C) tease; coax
havaraia: give birth; breed; propogate; instigate; initiate; start a movement
havareaia: bring inside
havevea: melt something
headava: marry; marriage
heagi: boast; brag; be proud; pride; conceit
heagilaia: be proud of; take pride in; extol
heai: argue; quarrel; argument
heailaia: argue about; dispute
heala: (C) hurt oneself; commit suicide
heatu: fight; brawl
heatu henia: attack
heau: run; sail a canoe; flee; scamper
heau helulu: race
heau henia: attack
heau mauri: escape
heautania: run away from; forsake
hebogahisi: pity; sympathy; mercy; kindness; sad
hebou: assemble; come together; collect; meeting; assembly; conference
heboulaia: discuss at a meeting
hebubu: spilt; capsized
heburuburu: fall into the water; duck under water
hedagwa: upside down
hedare: torn
hedarehedare: ragged
hedairike: lame
hedavari: meet
hedavari henia: greet
hedave: swinging
hedinarai: appear; revealed; be enlightened
hedinaraia, ahedinaraia, hahedinaraia: reveal; enlighten; advertise; display
hedoki gauna: shirt
heduari: comb hair
hegaegae: ready; prepared
hegara: stinging; sour; bitter; caustic
hegege: around
hegeregere: same; equal; suited for; able; sufficient; enough; alike
hegonu: (C) busy; worried; troubled; uncertain
hegore: deny; denial
heigoita: (C) visit
hehuni: hidden; secret
hekahi: tight
hekamo: stuck together
hekamo muramura: glue; gum; paste
hekapa: twins
hekise-hekise: covet; envy; jealousy
hekokoroku: proud; conceited; boastful; vain; pride; conceit; vanity
hekure: lie down
hekwakwanai: stumble
hekwarahi, hekwarahilaia: troublesome; arduous; laborious
helaga: holy; sacred
helai: sit
helai gauna: chair; seat
helalo: remember; consider
hemaihemai: itch; itchy
hemarai: ashamed; shy; bashful; shame
hemata: strangle; hang oneself
henanadai: ask; enquire; enquiry
henao, henaoa: steal; rob; abduct
henaohenao, henao karana: stealing; robbery
henaohenao: adultery
henia: give; contribute; deliver; supply; provide; administer
henia kava: give away free
henia lou: repay; give back; restore
henia torehai: lend
henu, henuai, henunai: low; under; below; beneath; at the bottom of
henuna kahana: bottom
hepapahuahu: dispute; argue; disagree; quarrel; controversy; argument

herahera: flower; blossom; decoration; adornment
herea: very
herea dae: best; superb
hereaia: excel; be superior
hereva: word; speech; talk; allege; speak; assert
hereva henia: talk to; advise
hereva hereva: converse; chat; gossip; conversation
herevalaia: speak about; announce
Herevana!: It doesn't matter! Never mind!
heride: (C) sprained
hesiai tauna (hahinena, merona, kekenina): messenger; servant
hesiku: tired of something; fed up; bored
hetaru gauna: blanket
hetoa, hetoana: land boundary
hetu: (C) anchor; park vehicle
hetutuhi: (C) stumble; trip
hetuturu: (C) drip
heubu: adopt; care for; keep a pet
heudahanai: adultery
heudeheude: shake; shiver; tremble
hevarivari: (C) mirror; looking glass
hevaseha: joke; fun
hevaseha henia: make fun of
hevasehalaia: make fun about
Hida?: How many? How much?
hidio: flesh; muscle
hinisi: hinge
hioga: to whistle
hiriria: blow an instrument
hisihisi: pain; ache; sore; painful
hisiu: star
hisiu bada: Morning or Evening Star; Venus
hitolo: hungry; hunger; appetite
hoa: astonished; surprised; amazed; wonder
hodahoda: (C) breath; air
hodoa: to stone
hoia: buy; sell; barter
hoihoi: buying and selling; sale
hoihoilaia: trade
honu: full
hora: hour
hosi: horse
hotele: hotel; motel; bar; tavern; pub
hua: coughing
hua: month; moon
hua gorere: menstruation
huahua: fruit; seed pods
huaia: carry
huala: crocodile
huanai: in the middle; between
hudo: (C) navel
huina: hair
hunia: hide; conceal; keep secret
hunu: dew
hura: (C) pus; fester
hure: drift; float
hurehure: waves; seafoam
huria: wash something
hururu: flame; glow; blaze
hururua: blow into a blaze; fan a fire
husihusi: (C) pimple; stye; wart
hutuma: crowd; many (people)

i: yes (in conversation)
ia: he; she; it
-ia: him; her; it (object)
Ia!: Ha! Oh! (denoting surprise, shock)
iahu: (C) old man
ibolona: (C) exchange; replacement
ibounai, iboudiai: all; every; total; entire; completely
ibudu: carpenter's drill; brace; auger
ibuni: (C) eyebrow
ida: with; together
idau: different; strange; abnormal; another; peculiar; separate; uncommon
idauidau: different (from one another); all different; various; varied
idau negai: times past; ages ago; once upon a time
idau tauna: foreigner; alien; stranger
idia: they; them
idia edia: their; theirs
idiba kahanai: on the right side; starboard
idiho: flesh
idita: sour; bitter
idoa: trap; snare
idoinai, idoidiai: whole; all
iduara: door; gate
iduhu: kinship group
iduka: headland; cape; peninsula; bend of river
Iehova: Jehovah; God
ielo: yellow
iena: his; hers; its
iena ura: of his own accord
Iesu Keriso: Jesus Christ
igo diho: (C) bow down; stoop
igui: sheaf; bundle
ihoga: to whistle
ihuanai: centre; middle; between
ikoko: nail
ikoukou: gate
ikouna: (C) lid
ikumi: parcel; package; bundle
ikwatu: knot
ikwina: wooden pillow or neck support
ilapa: bush knife; machete
imana: hand; arm; foreleg; claw; limb of tree
ima mauri: mischievous; sleight of hand
inai: this; these
inai bamona: like this; thus
inai tauna: enemy; adversary; rival
indini: engine; motor
iniheto: (C) thus
iniseni, inisenai: here
inua: drink
inuinu: drinking
io: yes
io: spear (weapon)
iohururu: (C) boil (sore)
ipidi: gun
ira: axe; hatchet; adze
iri: saw (tool)
irurumata: (C) tears in eyes
iseda, ita eda: our; ours (inclusive)
isena: tooth; fang; fringe; edge; rim; border

ita: we (inclusive)
ita eda, iseda: our; ours (inclusive)
itaia: see; look
itaitana: shape; appearance
itapo: fan
iuna: tail
iusilaia: use; employ (things); engage; hire

K

ka: taxi; cab; car
kabedi, kabesi: cabbage
kada: boat; 'cutter'
kadoa: ladle out; shovel
kaema: sweet potato
kago: load; cargo
kahana: half; part; side (in a dispute); district; area; share
kahana-kahana utua: cut in half
kahana-kahana atoa: sort things
kahira kahira: near; nearly; almost; about; adjacent; close; approximately
kahu: dust
kahua nege: release; let go of
kaia: knife
kakakaka: red
kakana: man's elder brother; woman's elder sister
kakasia: scratch; scrape; shave
kakoro: (C) dry (of food, leaves, etc.)
kala: colour
kalatau: flashy; showy; smart; show-off; skite
kalaba: club (sporting, social)
kalaga: hut; bush shelter; camp
kalaka: clerk
kalasi: class
kalenda: calendar
kaloa: (C) paddle; beckon
kamera: camera
kamika: groin
kamoa tao: attach; stick on
kamokamo: adhere; stuck to; sticky; gluey
kamokau: land (from water); be aground; bump; be stuck
kamonai: hear; listen; accept a statement; believe; be faithful; faith
kamonaia: believe; obey
kampa: barracks; camp
kampani: company; business; firm
kampasi: compass
kamuta: carpenter
kanage: (C) gull
kandolo: candle
kanudi: spittle; saliva; spit
kapa: copper
kapaia: (C) attach; tie on
kapena: captain
kapeneta: carpenter
kapusi: cup
kara: deed; behaviour; custom; action; act; conduct
karaia: do; make; work; build; commit; compose
karaia diba: be able to do; know how to do
karaia toho: attempt; try; try on
karaudi: (c) multi-pronged spear
kare: curry
karu: green coconut; drinking coconut
karukaru: unripe; immature

kasava: manioc; tapioca
kasi: playing cards; gamble with cards
kasiresi: cartridge; bullet; ammunition
kasiri: raw; unripe
kastom: custom; tradition
kaubebe: butterfly; moth
kaukau: dry
kaunsolo: council
kava: aimlessly; in vain; gratis; carelessly; mad; insane
kavabu: bottle; jar
kavabu kavabu: (C) pearl
kavakava: stupid; absurd; careless; crazy; empty; reckless
kebere: (C) coconut shell cup; bald
kede: (C) coconut frond torch
kedolo: kettle
kehere: (C) large cup; chalice
kehoa: open; unlock; unfasten
keia: roll something
keisi, kesi: case; box; cabinet
keke, keike: cake
kekeni: girl
kekero: intoxicated
kemena: chest; bosom
kepoka: bush fowl
kerere: mistake; blunder; trouble; accident; crime; incorrect; wrong
Keriso: Christ
keresini: kerosene
keru: cold
kerukeru: tomorrow
keruma: cool
kesi: (C) shield
kesikesi: biscuit
kevaru: lightning
kevau: rainbow
ki: key
kiapa: net bag
kibi: conch shell; trumpet; horn; bugle
kidukidu: tuna
kidurui: porpoise; dolphin
kilia: clear; obvious; plain
kiki: story; tale; gossip
kimai: fish hook
kina: Papua New Guinea currency (Dollar equivalent)
kinia: pinch
kio: vagina
kipara: scar
kiri: laugh; laughter
kirikirilaia: ridicule; laugh at
Kirisimasi: Christmas
kiukamba: cucumber
kobara: copra
kodoa: poke at; jab; injection
koehirihiri: (C) whirlwind
koekoena: hips
kohu: property; wealth; supplies; stores; cargo; baggage
kohu vaia, kohu kokia: unload
kohua: (C) cave; tunnel; hollow (tree)
koia, koikoi: deceive; mislead; tell a lie; betray; bluff; cheat; trick; joke; counterfeit; false; nonsense; deceit
koina: (C) bait
koke: cork; stopper
koki: cockatoo; parrot
kokia, kokia oho: take out; take away; erase; remove

koko: cocoa
kokoa: hammer a nail
kokokoko: cassowary
kokoroku: fowl; hen; rooster; chicken
koledi, kolesi: college
kolota: tar; pitch; bitumen
komada: low tide
komiti: committee
komu: (C) lie in ambush; hide oneself
komukomuna: ankle
kona: corner; angle; bend
kone: beach; seaside; coast
koneseti: concert
koni: corn; maize
kontraka: contract; agreement; covenant
kopaia: peel something; skin something
kopi, kofe: coffee
kopia: make a copy; duplicate
kopina: skin; surface; peel; rind
kopina kavakava: nude; unclothed; naked
koporeitiva: co-operative society
kopukopu: mud; slush; slime; swamp; bog
korema: black; any dark colour
korema-korema: black
korema: beche-de-mer
koria: bite; sting
korikori: real; genuine; actual
koroba: crowbar
korona: crown
kororo: soak away; dry out
korosi: cross, crucifix
kotini: cotton
kotini vulu: cotton wool
koua: close; block; hinder; cover; bar the way; clog
koua ahu: covered
koukou: shell
koupa: ditch; drain
koura: valley
kouti: coat; jacket
kuboru: round; oval; circle
kuboru-kuboru: circular; spherical
kudou hetaha: (C) very frightened
kudouna: heart
kuia: knead
kuini: queen
kuki: cook; chef
kuku: tobacco
kuku ania: smoking
kukuri: dung; excretum; excrete
kumia: wrap; bandage
kununa: backside; buttocks; anus
kurokuro: white; fair; pale
kuru: crew
kurupela: boat
kurukuru: long grass; kunai; thatch
kurukuruna: bow of ship or canoe; point of land
kusini: cushion; pillow
kwadi: grasshopper
kwadia: thrash; beat
kwadogi: short
kwalaha: shark
kwalahu: smoke; haze; steam; vapour
kwalimu: conquer; overpower; win; succeed
kwanau: rope
kwarana: head
kwara-koukou: skull
kwaru: bark (dog)
kwatua: tie; moor; attach; bind; secure

L

lababa, lababana: wide; broad; width; breadth
labana: hunt
labolabo: wild bee; flying insect
labora-labora: yellow
ladana: name
lado: (C) nod
laga, lagana: breathe; breath
laga-ani: rest; recess; vacation; holidays; spell
lagatoi: large canoe with three or more hulls
laga-tuna: short of breath
lagani: year
lahaia: spread out (cloth, etc.)
lahara: north-west monsoon
lahedo: lazy; laziness
lahi: fire
lahui: ignorant
lailaia: prepare; clear (path, etc.)
laini: line; row; line-up
laiseni: licence; license; permit
lakatoi: See 'lagatoi'
laki: lucky; fortunate
laki gadara: gamble; gambling
lalana: father's sister
laloa: think; remember; consider; conceive; calculate; reckon; imagine; thought; imagination
laloa boio: forget
lalodika: disgust
laloduhu: muddled thinking
lalohadai: (C) hope; idea
lalohisihisi: sad; disappointed; sorrow; sadness
lalokau: fond of; adore; love; dear; affection; beloved; sweetheart
lalona: thought; mind
lalonai: inside; within; into; amid; among; during
lalonamo: cheerful; happy
lalo tamona: agree; agreement
lamepa: lamp; bulb; lantern; beacon; candle
lanalana: (C) stutter; stammer
lao: house-fly
lao: go; depart
laohaia: take away
laolao: voyage; journey
lara: canoe sail
lasi: no; not; nothing; nil
lata, latana: long; tall; length; height; top; surface
latanai: on top of; on; upon
lau: I; me
lau-egu: my; mine
laulau: picture; shadow; image; movies; design; pattern; ghost
lauma: spirit; soul; ghost
laurabada: southeast trade wind; southeast season
laurina: left side
lauri kahana: left hand side; port side
leiba: labourer
lebulebu: mischievous; indecent; irresponsible
ledi: lead (metal)

leiti: late (time)
lepera: leprosy; leper
leseni: lesson
leta: letter; mail; note
levolo: level (tool)
lifi: elevator; lift
lisi: list
livi: leave; vacation
loa, loaloa: stroll; walk about; wander; roam; outing
logohu: bird of paradise
lohia: chief; headman; ruler
Lohiabada: Lord
lohiaia: rule over; govern
lohilohia: boil; bubble up
loka, lokaia: lock
loku: pawpaw
lokua: fold; double up
lole, loli: candy; lolly; toffee
lolo: shout; exclaim
lolo henia: shout at
lori: lorry; truck
lou: again; go back; recede
loulouna: (C) joint (body)
lulua: chase away; expel
lusi, lusi vadaeni: beaten in a contest

M

ma: and; also; in addition to
ma ta: another
mada: bandicoot
madarini: mandarin
madaimadai: (C) giddy; dizzy
Madi!: Sorry! What a pity! Bad luck!
maduna: load; burden
maeda: cooked
magani: wallaby
magani-bada: (C) ridgepole
mage: ripe
magera: spider
magiki, maniki: monkey; ape
magu: fence; enclosure
maho: yam
mahuta: sleep; asleep
mai: come
mai: with; and; accompanied by
mailaia: bring
maini: mine (ore)
maino: peace
mairumairu: (C) twilight
maka: mark; brand; label; limit; crack; defect; notch
makaia: aim; choose
makana: gap (between hills)
makohi: broken; destroyed
makohia, hamakohia: smash; break; crack; crush
makuku: (C) wrinkled
malana: tongue
maleria: malaria
malokihi: midnight
maloa: drowned
mama: jealous
mamia: taste
mamina: flavour; taste; essence
mamoe: sheep
mamuna: thigh; lap
manada: gentle; smooth; docile; soft; agreeable; experienced; used to

manau: (C) humble; shy; meek; gentle; patient
Mani! Mani emu kara!: Please!
maniki, magiki: monkey; ape
maniota: manioc; tapioca; cassava
manoka: weak; soft; fragile
manori: (C) tired; weak through hunger; exhausted
manu: bird
manumanu: small insect
maoheni, maohenia: engagement; engage to marry
maoro: straight; right; correct
maoro henia: allow; permit
maoromaoro: accurate; straight; even; level
mapu: map; chart
mara: bear a child; childbirth
mara dika: abortion; miscarriage
maragi: little; small
maragi maragi: very small; tiny
marere: move; quake; sway; movement
marere-marere: shiver
mariboi: flying fox
maruane: male
mase: die; death; dead
masemase: extremely
maserea: faint; swoon; dazed
masi: march; parade; procession; demonstration
masini: machine
masisi: safety match
mata kepulu: blind
matabudi: turtle
mataia: (C) tie up
matamaia, hamatamaia: begin; commence
matamata: new; young; fresh
matana: eye
matauraia, hematauraia: honour; respect
matuna: hole; channel; opening; cutting
maua: box; case; cabinet
maumau: mumble; complain; complaint
mauri: live; alive; healed; healthy; active
mausini: pumpkin
mavamava: (C) yawn
mavaru: dance; dancing
mea, meamea: sorcery
mede: (C) forehead; temple
medolo: medal; badge; emblem; award; decoration
medu: rain
mei: urine
mekaniki: mechanic; engineer
memba: member; Member of Parliament; MHA
mereki: plate; dish
mero, memero: boy; boys
metaira: gently
metaira-metaira: slowly; carefully
metau: weight; heavy
mia: (C) not quite; remain
mia korema: dark grey
mia kurokuro: light grey
mikisi: mix
milika: animal milk
miniti: minute (measure of time)
miri: gravel; sand
mirigini: north wind
mirigini kahana: north
miro: dirty; stained; unclean; dirt
misia: omit; overlook

misinari, misi: missionary
miti: meat; flesh
miusiki, miusika: music; tune; concert
mo: only
moale: happy; glad; happiness; joy; rejoice
moalelaia: enjoy; appreciate
moemoe: reef
mogea: twist; twisted
moia tao: step on; trample
momo: much; many; plenty
momokani: true; accurate; actual; certain; correct; genuine; real; truly; actually; exactly; really; truth; fact
momoru: rubbish; garbage; crumbs; sediment; afterbirth
moni: cash; coin; money; currency; pay; wealth; allowance
moru: fall from height
mota: motor; engine
motuka: car; automobile; truck; lorry
motumotu: island; broken into pieces
mu: hum
mu: dumb; mute
muko: handkerchief
mumuta: vomit; vomiting; sick
muramura: medicine; ointment; antiseptic; drug; strong drink
murimuri, murimurinai: outside, outdoors
murinai: behind; at the rear; later
murinai raka, murinai lao: pursue
murina kahana: behind; at the back of
musia: (C) suck
mutu: sinking; sunk

N

-na: 3rd Person singular possessive suffix
nadi: stone; rock; coral; boulder
nadinadi: gravel; kidney
nadua: cook in water; boil; stew
nahu: swim; swimming
nakimi: sister-in-law; brother-in-law; relative
namba, naba: number; figure; arithmetic; addition
namo: good; well; all right; sufficient
Namo?: a general greeting; 'How are you, all right?'
namo herea: very good; beautiful; admirable
namo, nemo: mosquito
namonamo: well; carefully; properly
nanadaia: ask; enquire; consult
nanadu: cook; cooking
nanigo: wasp; hornet
nanigosi, nani: goat (female)
nao: foreign
nao rabia: manioc
napi: napkin; nappy
naria: wait; take care of; beware; look after; govern
naria namonamo: be careful; control
nati: nut (and bolt)
natuna: child
natuna negea: abort; abortion; miscarriage
nau: clay dish
nega, negana: time; season; period
neganai: while; whenever; when; as; during
negari: clear; lucid
negea: throw away; get rid of; dispose of; discard; reject

neketai: neck-tie; cravat
nemo, namo: mosquito
nesehanai: bridge
nihi: dream; vision; dreaming
nila: needle
ninoa: (C) mist; fog; haze
nita: pawpaw
niu: coconut; coconut palm
niu dehoro: coconut oil
niu ranuna: coconut milk
niuniu: peanut; edible nut
niusi: news
niuspepa: newspaper; magazine; periodical
noga: wake up
noho: stay; be present; live; reside
noia, noi henia, noinoi henia: apply for; beg; request; entreat; demand; appeal; ask
noinoi: request; application; plea
noti: zero; nought
notisibodi: notice board; signboard
numera: arithmetic; maths; number; figure

O

oda: order; command; requisition
odaia: flutter; be blown about
odaoda: (C) breath; air
oela, oelaia: oil; lubricate
ogogami: poor; destitute; orphan
ohena: (C) person's side
oho: off; away
oi: you (singular)
Oi namo?: 'Hello!'
Oi sibona! Oi sibomu!: 'Please yourself!'; 'It's up to you!'
Oibe: Yes
omo: adze
oniani: onion; eschallot
opesa: officer
opesi: office
ore (intransitive): finished; accomplished; completed; ceased
orea: group; company; team; school class
orena: remainder
orenisi: orange
ori: (C) cloud
oro: cane; rattan
ororo: hill; mountain
Osirulu: Australian Rules Football

P

pada, padana: space between
padanai: between
paea: fire a gun
pagana: shoulder
pai: prawn
painapu: pineapple
paini: fine; penalty; tax
paipa: pipe
paisi, paisia: fight; hit; strike; blow; punch; box
pakosi: scissors; shears
palai: tent fly; tarpaulin; canvas; sail
palaiga: flag; banner; pennant; ensign; emblem
palaiasi: pliers
palaimasini: aeroplane; aircraft
palaka: flat

palani: plan; aim; purpose; chart; pattern
palaoa, paraoa: flour; bread
pamu, pamua: pump
panisia:, punish
paoa: electricity
paosi: purse
papa: hatch (egg); open
papala: propellor
parabole: parable
paradiso: paradise
paraka: very cold; freezing
parasudi: parachute
paroparo: frog
parara: crack; split
paripari: wet; damp; moist; marshy
Paseka: Easter
pataia: slap; pound; pat
patana: bench; platform; table; shelf
patapata: slap; clap
pati: party; feast; social function; reception
pauda: powder
pau dobi: plunge; dive
pavapava: king
pegi: peg
pei: pay; payment; salary; wage; price
peni, penia: paint; colour; stain
pensolo: pencil
pepa: paper; form; document; permit
pepe: banner; flag; pennant; emblem; ensign
pepe hadaea: raise the flag
peroveta tauna: prophet
peva: bow (weapon)
peva varona: bowstring
pi: pea
pidi: gun
pidia: shoot; rap; thump
pidipidi: knock (on door); rap; tap
piembi: PMV; bus; passenger vehicle
piki: pick (tool)
pikisa, piksa: picture; picture show; movies
pileiti, pleiti: plate; dish; bowl
pileini: aeroplane; aircraft; plane (tool)
pilo: pillow; cushion
pinati: peanut
pini, pine: pin
pinia tao: attach; affix; pin up; staple
piripou: trousers
pisi: asphalt; pitch; bitumen
pisini gado: Pidgin
pisipisi: spray
pitopito: button; cockroach
plenteisini: plantation
poini: bend; point (coast, road, etc.); peninsula
poinia: aim; point at
poisini: poison; venom
poketi, pokedi: pocket
polisi: police
polisia: polish
popo: root or creeper used for chewing with betelnut
popoto: (C) steep river bank
popou: (C) gourd; creeper; lime container
poteto: potato
poto: photograph
pou: explode; erupt; burst
poua: swing something
pouka: sores on head

praivete, praiveti: private (army rank)
pune: dove; pigeon
punu: galvanized iron roofing
pura: week
puripuri: sorcery; magic
puse: sack; bag; purse
pusi, pusikasi: cat

R

raba: rubber; eraser; elastic
raba housi: garden hose
rabesi: rubbish; trash; garbage
rabia: sago; sago palm
ragaia: pull out; uproot
ragibi: Rugby (Union or League); Football
rahurahu: (C) fireplace
raipolo: rifle
raisi: rice
raka: walk
rakatania: leave; abandon; desert; quit
rami: grass skirt; lap-lap
rami hebou: (C) virgin
ramo: (C) chew betelnut
ramuna: root
ranu: water; juice
ranu mase: thirsty
ranu seia: bail
rarana: blood
raraia: (C) stare; peer; gaze
raraka: (C) rusty
rari: rash; skin complaint
raria: sand
raro: clay
rasekolo: cheeky; rascal
rasta, rastaia: rust; corrosion; corrode
rata: breast; breast milk
rata gigia: to milk
rata matana: nipple
rau: crawl
rauna: leaf; page
raurau, au rauna: leaf
rautuna: caterpillar
ravana: father-in-law; mother-in-law; son-in-law; daughter-in-law
reaia: miss
reana, readia: (C) about; approximately
referi: referee
regena, regerege: sound; noise; din
rei: grass
rei kakoro: hay; straw
reidio: broadcasting; radio
reiki: rake
reirei: board; plank; flooring
reisa (C), **resa:** razor; razor blade
reke: fishing net
rekodi: record; disc
renikoti: raincoat; rain-cape
revareva: writing; mail; letter (originally 'tattoo')
revesia: reverse or back a vehicle
rigina: branch; limb; twig
rikiriki: trap; snare
rini, ringi: ring (finger)
rioa: (C) put on clothes
ripoti: report; allegation; summons
risiti: receipt
roboana: (C) eldest; first born
rogorogo: pregnant
roha dae: (C) look upwards

roha isi: look up
roharoha: look around
roho: jump; leap; fly
rohoa: erase; cancel; rub out
rohohanai gorere: infection; infectious disease
roro: (C) taut; stretched
rosia: embrace; hug; clasp
rua: two; double; twice; couple
rua: (C) prevent
ruaosi: both; pair; couple
ruduna: rib
ruhaia: untie
rui: dugong; sea cow
rula: ruler; measure
ruma: house; dwelling; abode; cage; residence; nest

S

Sabati: Sabbath
saini, sainia: contract; agreement; signature; sign
saisi: size; fit
sakia: dismiss; sack
samania: accuse; allege; betray; charge
Satani: Satan; Devil
satauro: cross; crucifix
savolo: shovel
sea: chair
seana: (C) piece of cloth
sedi: shed; outhouse
Sedira!: Maybe! Perhaps! Who knows!
segea: grind; sharpen; whet
sei: flea
seia: pour; bail
seini: chain
seipi, seifi: safe; locker; cupboard
seke: cheque
sekea: check; inspect
sekeni: second (of time)
semenisi: cement
sene: ancestor
senesia: adapt; affect; alter; alternate; change; convert; replace; exchange; swap
severa, severa severa: thin
sia: (C) dragon
siahu: hot; heat; perspiration
siahu: power; authority; ability
siaia, siaia lao: send
sibona: alone; self; merely; just; actually
sidi: break wind
siedi, sieti: shirt
sievi, sevi: shave
siga, sigareti, sigaresi: cigar; cigarette
sihari: courtship; make love
sihi: breech-cloth
sikelia, sikeilia: weigh; compare
sikoea: square
sikoni: scone; cake; bun
sikuli: school; course; education; academic
sikuru gabuna: joint; ankle; knee; elbow; wrist
silaki: loose; slack
silepi: drydock; slip
sili: chili
sinabada: (C) thumb
sinana: mother; mother's sister
sinana maragi: mother's sister
sinavai: river; stream

singilesi, singlesi: singlet
sioha: (C) bad; rancid (sago)
sioka: chalk
sipa: zip-fastener; trousers fly
sipeidi: spade
sipele: spell; rest; vacation; holiday; leave; recess
sipi: jib sail
sipi: sheep
sipidi: speed; accelerate
sipisi: potato chips
sipoma: ringworm
siporo: lime (citrus fruit)
sipunu: spoon
siri: move away; keep clear; depart
siria: (C) chop
siriho: reed
sisi: cheese
sisia: dog
sisiba: advice
sisiba henia: advise; reprove
sisima: ship; steamship; liner
sisina: little bit; brief; partially
sisina taina: (C) very little
sisiria: (C) spray
sisita: nun; religious sister; nurse
sisolo: chisel
sitaraiki: strike; stop work
siti: city
sitiuedi: waiter; waitress; steward
sitou: stove
sitrena: sieve; sifter
sivarai: story; tale; news; message
so: saw (tool)
sobea: surveyor
soka: soccer
sokisi: socks; stockings
sokoledi: chocolate
solo: salt
sopu: soap
sori: apology; excuse; regret; remorse
Sori!: Sorry! What a pity! (Also an expression of pleasant surprise; e.g. What a beauty!)
sou: carnival; show; fair; fete; exhibition
spiriti, sipiriti: methylated spirit; alcoholic or spirituous liquor
statia: start; begin
stoa: store; shop
su: shoe; boot; footwear
suea: curse; swear
suga: sugar
suitikai, suitkai: dessert; pudding
supolisi: shoe polish
supu: soup; broth
sutkeisi: suitcase

T

ta: one; a; an; another
ta ta, ta ta amo: each
tabekau: (C) lean against something
taboro: (C) harvest
tadi: sea water; salt water
tadina: man's younger brother; woman's younger sister
tadikaka: brothers; sisters; cousins
taea: tyre
taeadi, taeasi: tired
tahoa: cast; throw; toss

tahua: search for; seek; look for
tai, taitai: cry; weep; wail; moan; mourn; weeping; crying
taia kudima: deaf
taiana: ear
taihuna: man's sister; woman's brother
tainamo: mosquito net
taipia: type; typing
taipraita: typewriter
takisi: tax
taksi: taxi; cab; hire car
talo: taro
tamaka: shoe; boot; footwear
tamana: father
tamaru: umbrella
tamona: only one; alike
tamoru: (C) numb
tanika: tank; cistern
Tanikiu!: Thank you!
tanikiu: thanks; gratitude; grateful
tano: soil; ground; country
tanobada: mainland; country; continent; world
taoa: press down
taora: (C) plain; small flat area
taoni: town
taotorea tauna: (C) traitor
tapu: tap; faucet
taraia: (C) chop up; hoe
taraka: truck; lorry; waggon
tarakata: tractor
tarapu: trap
taravatu: law; commandment; agreement; prohibition
Taravatu Matamata: New Testament
taravatua: forbid; prohibit; banish
taria: steer
tatakau: bump on a beach or bank; run aground
tau, tauna: man
tau ta: someone
tauanina: person's body
taunimanima: people; mankind; human
taua dae: hang up
tauele: towel
tauhau: young man; youth (unmarried)
teibolo: table
teipi: tape recording
tereini: train; practise
terona, terono: throne; altar
ti: tea
tini: can; tin; sheet metal; galvanized iron
tirikia: trick; defraud; cheat; delude; fool
tisa: teacher
tiuni: tune; melody; air
to: although; but; still; yet
toa; toana: signal; sign; symptom; brand; colour; dye
tode, todena: (C) sap; gum
toea: armshell; currency (cent equivalent)
tohoa: test; try; attempt
tohotohoa: imitate; copy; mimic; act; impersonate
tohu: sugar cane
toia: push in; pull out
toma diho: bow down
torea: write; scribble; draw; type
toreisi: get up; arise; stand up
tosi: flashlight; electric torch
toto: sore; abcess; ulcer; bruise; pimple

totona: in order to
toua: ring (a bell); beat (a drum)
toutou: spotted; dot; spot
treila: trailer; cart
tua: (C) slack; loose
tuari: battle; war
tubu, tubua: grow; sprout
tubu daekau: develop; progress; development
tubuna: grandparent; grandchild
tuina: knee
tuina hadaia: kneel down
tulu: tool
tupe: (C) raft
tura, turana: friend; comrade; ally; partner
turia: sew; weave; string beads
turiana: bone
turumu: (C) pigeon

U

uaea: wire; cable; telegram
uailesi: wireless; radio
uaina: wine
uari: anxious; anxiety; trouble; brood; worry; concern
ubua: feed; nourish; adopt; tend
uda: forest; jungle; bush
udaia: put in; pack
udeudea: (C) rattle; shake
udukoko: (C) snore
uduna: mouth
udu baubau: nose
udu mauri: boisterous; windbag
uduna: dense; thick
ueita: waiter; waitress; steward
uedi: wedge
uhau: plural of 'tauhau'
uhe, uhena: seed; pip
uiki: wick
uili: wheel
uilibaro: wheel barrow
uili, uili pepana: will (document)
uindo: window
uisili: whistle
uiski: whisky
uiti: wheat
uitnesi: witness
ulato: plural of 'hane ulato'
uma: garden
umui: you (plural)
unai: that; those
unai bamona, unu heto: (C) like that
unai dainai, una dainai: (C) therefore; for that reason
unana: (C) fish scales
unu: breadfruit
unuseni, unuseniai: there (away from person addressed)
uopu: wharf; pier; jetty; bridge
ura: crayfish; lobster
ura: want; wish; desire; like; ambition
urita: octopus
uro: earthenware pot
uru: generation
usina: penis
utu: lice; nit
utua: cut; carve; chop; amputate; sever; fell a tree

V

vaboha: gecko; lizard
vabu, vabuna: widow
vabura: dusk
vada, vadaeni: did (past tense indicator)
vada: sorcery
vada, vadavada: stairs; ladder
vadaeni: finished; completed action
vadivadi: visit; visitor
vadu: (C) chisel
vadumo: (C) mooring stick
vahana: cheek
vaina: (C) small net bag
vairana: face; countenance; front; appearance; facade
vairanai: in front of
vaivai: mango
valavala: (C) web
vamu: meat
vanagi: outrigger canoe; boat
vanegai: day before yesterday; day after tomorrow
vanisi, vanisia: varnish; stain
vara: born; grow; bloom
varahu: steam; vapour; sweat; perspiration; perspire
varani: yesterday
varavara, varavarana: relative; cousin
vareai: enter; participate; enlist
varo, varovaro: rope; cord; string; thread; vine; wick
varovarona: vein; artery; muscle; tendon; sinew
vasiahu: soup
vasiga: flint; razor
vaura: cuscus
vavana: mother's brother
veria: pull; tow; entice; lure
vesina: semen
veve: thaw; dissolve; melt
vilipopo: sling (weapon)
vorovoro: revolver; pistol
vouti: vote; ballot; election
vulu: wool

PART THREE

DICTIONARY OF ENGLISH TO HIRI MOTU

A

a, an: ta
abandon (leave): rakatania
abandon (discard): negea
abbreviate: hakwadogia
abdomen: bogana
abduct: henaoa
abhor: ura lasi; urahenia lasi
abide by: naria
ability: diba; aonega; siahu
able: diba; hegeregere; goada
abnormal: idau
aboard: dekenai; latanai; lalonai
abode: ruma; noho gabuna
abolish: haorea; hadokoa; kokia; negea
abortion: mero negea; natuna negea
abound: momo idia noho
about (concerning): dekenai
about (nearly): bamona; kahirakahira; reana
above: ataiai
abcess: toto dikana
absent: noho lasi
absorb (soak up): dodoa
abstain: karaia lasi
absurd: kavakava
abundant: momo herea
abuse: gwaudika henia; hadikaia
abyss: dobu masemase gabuna; koupa dobuna
academic: diba tauna; sikuli
accede: abia dae; lalo tamona
accelerate: sipidi; haharagaia
accept: abia dae; abia
accessible: dala ia noho; mai dalana (C)
accident (mistake): kerere
accident (traffic): bampa
accompany: danu lao; ida lao; bamoa (C)
accomplish: karaia vadaeni; karaia ore; haorea
accord (agreement): lalo tamona
accord (one's own): ia sibona; iena ura; ena ura sibona
according (to him): iena hereva hegeregerena; iena hereva dekenai
account (because): dainai; badina be
account (credit): bukini
account (story): hereva; sivarai
accumulate: hebou; haboua; habadaia; gogoa
accurate: momokani; maoromaoro
accuse: gwau henia; samania; habadea (C)
accusation: samani hereva; ahebade (C)
accustomed: manada
ache: hisihisi
acquaint: hadibaia
acquainted: diba; diba sisina
acquire: abia; gogoa
across (go): hanaia
across (position): unai kahanai; unu kahanai (C)
act (do): karaia
act (impersonate): gadara; tohotohoa
action: kara
active: goada; mauri
actor: gadara tauna
actual, actually: momokani; korikori
A.D.: Keriso ia vara murinai be lagani ibounai ia ore

adapt: senesia; haidaua; hahegeregerea; hamanadaia
add: duahia; hagaua; haboua
adder (snake): gaigai
addicted: manada kara ta dekenai
adept: diba momo; aonega bada
adequate: hegeregere; namo
addition (arithmetic): namba; numera (C)
addition (more): danu
address (location): noho gabuna
address (speech): hereva; sivarai; haroro
adhere: kamokamo; hekamo
adhesive: hakamoa gauna; hakamoatao gauna; kamokamo gauna (C)
adjacent: kahirakahira; badinai; badibadinai; dekenai
adjust: atoa namonamo; karaia namona
administer (give): henia
administer (rule): naria; lohiaia (C)
Administration: Gavamani
Administrator: Administreita
admirable: namo herea
admire: hoalaia; itaia ia namo; laloa ia namo; heagilaia (C)
admit (confess): gwauraia hedinarai
admit (let in): abia vareai; havareaia
admonish: gwau henia
adopt (child): ubua
adopt (law, idea): abia dae; hamomokania
adopted child: ubua natuna; heubu natuna (C)
adore: lalokau henia; ura henia dikadika
adorn: herahera atoa; herahera karaia; haheraia (C)
adult: tau; hahine
adultery: heudahanai
advance: lao henia; mai henia
advantage: ahuna; namo
adventurer: goada tauna; gari lasi tauna; boga auka tauna (C)
adversary: heatu henia tauna; tuari henia tauna; inai (C)
advertise: hedinaraia; boilaia (C); hahedinaraia (C)
advice: sisiba
adze: ira; omo (C)
aeroplane: pileini
affair (business): (lau) sibona; (lauegu) ura; (lau) sibogu (C)
affect: senesia; haidaua
affection: ura henia; lalokau
afflict: hisihisi henia; hadikaia; haberoa; hahisia (C)
affliction: gorere; metau; dika
affirm: gwau; gwauraia
afford (price): moni ia hegeregere; moni ia hegeregere lasi
afloat: hure
afraid: gari
after (behind): murinai
after (later): nega sisina; gabeamo; gabeai
afterbirth: momoru
afternoon: adorahi
afterwards: gabeai; dohore
again: lou
against (beside): dekenai; kamokau
against (opposition): lalo auka henia; heatu henia; dagedage henia
age (personal): mauri lagani
age (time): negana; nega

aged: buruka
agitate (annoy): habadua
agitate (excite): herou herou; haheroua (C)
agitate (shake): hamarerea; udeudea (C)
ago: ia lao vadaeni; idau negai
agony: hisihisi bada herea
agree: lalo tamona; hereva hamomokania
agreeable (consenting): lalo tamona
agreeable (pleasant): namo; badu kava lasi
agreement: kontraka; taravatu
agriculture: uma gaukara; biru
aground: kamokau; tatakau (C)
ah!: ia!
ahead: guna; hanaia
aid: durua
aim (purpose): ura; laloa gauna; palani
aim (direction): makaia; poinia; toana karaia
aimless: kavakava
air: hodahoda; lai
aircraft: pileini
airstrip: pileini ia diho gabuna
aisle: raka gabuna (ruma badana lalonai)
ajar: sisina ia kehoa
alarm (bell, clock): gaba; rege gauna
alarm:(frighten): hagaria
alarm (warn): boiboi henia; sisiba henia
alarmed: gari
alas!: madi! sori!
alcoholic drink: bia; muramura; spiriti
alert: haraga; kamonai namonamo
alien: idau tauna; nao tauna
alike: bamona; hegeregere
alive: mauri
all: ibounai; iboudiai; idoinai
all right: namo; O.K.
allege: samania; riporti; hereva gwauraia
alligator: huala
allow: maoro henia; ura; abia dae
allowance (payment): davana; moni; pei
ally: durua tauna; durua besena; durua oreana; turana
almost: kahirakahira
aloft: ataiai
alone: sibona; tamona
along: dekenai; badinai
alongside (accompany): danu lao; ida lao; bamoa (C)
alongside (nautical): kamokau
already: vadaeni
also: danu
altar: pata helagana; boubou patana
alter: senesia; haidaua
alternate: ma ta; idau ta; senesia
alternative: idau gauna; idau dalana
altogether: to; ena be....to
altogether: vadaeni; momokani
always: hanaihanai; nega ibounai; nega idoinai
amateur: gadara dekenai pei ia abia lasi tauna; diba namonamo lasi tauna; manada lasi tauna
amaze: hoa henia; hahoaia
amazed: hoa
ambassador: Gavamani ladanai hereva taudia edia biaguna
ambition: ura; ura bada gauna
ambush: komu (heatu totona)
amiable; amicable: namo; hetura (C)

amid: huanai; lalonai; padanai; bogaraginai (C)
amiss: hegeregere lasi; kerere
ammunition: kasiresi; buleti
amok: heau kava heau kava
among, amongst: huanai; lalonai; padanai; bogaraginai (C)
ample: momo; hegeregere
amplify: habadaia
amputate: utua oho
amuse: hamoalea;
anaemia: rara gorerena
anaesthetic: hamahutaia muramura
analogy: hereva hegeregere
anarchy: Gavamani lasi
ancestor: tubuna; sene tauna
anchor: kwadi; dogo; kwadi negea; dogo negea
ancient: gunana momokani; idau negai
and: bona; mai; danu; ma
angel: aneru
anger, angry: badu
angle: kona
anguish: lalo hisihisi bada
animal: boroma; manu; mauri gauna; ubua gauna
ankle: ae turia; ae komukomu (C)
anklet: ae heraherana
annihilate: alaia ore
anniversary: laloatao dinana
announce: herevalaia; boilaia (C)
annoy: habadua; badu henia
annual: lagani ta ta
anoint: atoa; dahua
anomaly: daradara havaraia gauna
anonymous: ladana lasi
another: ta; ma ta; ta ma; ma; idau
answer (question): haere; ansa; haere henia
answer (letter): davana siaia; ansa; haloua
ant: dimairi
antagonise: habadua; badu henia
anthem: hanamoa anena
anticipate: laloa guna
antique: gau gunana
antiseptic: muramura; hagoevaia muramura
antler: doa
anus: kununa
anxious: uari momo; laloa momo
any: haida; taina; ta
anybody, anyone: tau; tau ta; ta; haida
anything: gau; gau ta; gau haida
anywhere: gabu ta; gabu ibounai
apart: daudau; kamokau lasi; parara; mai padana (C)
apartment: ruma; ruma kahana; daiutu (C)
apathetic: laloa lasi; kea lasi; hesiku
ape: maniki badana; magiki badana
ape (imitate): tohotohoa
apex: dorina
apologise: sori gwauraia
apparel: dabua; ahedoki
apparent: hedinarai; itaia diba; laloatao diba
apparently: sedira; reana
appeal: noinoi; noia; noinoi henia
appear: hedinarai; daekau mai; toreisi
appearance (looks): itaitana; vairana
appearance (arrival): ginidae
appease: hamanadaia; lalona hakerua
appetite (good): aniani ura

appetite (poor): aniani ura lasi
applaud: ima patapata; hanamoa
apple: apolo
applicable: hegeregere; maoro
application: noinoi pepana; aplikeseni
apply: atoa; aplikeseni siaia
apply for: noia; noinoi; noinoi henia
appoint: abia hidi; gwauraia hidi; dagi henia
appreciate: moalelaia; ura; ura henia
approach: mai kahirakahira; lao kahirakahira
appropriate (suitable): hegeregere; namo; maoro
appropriate (take): abia
approve: abia dae; hamomokania
approximately: bamona; kahirakahira; reana (C)
apron: miro koua dabuana
arbitrate: hahemaoro henia
arctic: keru bada gabuna; paraka gabuna (C)
are: na; be; (these are not equivalents, Motu has no verb 'to be').
area: gabuna; kahana; gabu ena bada
areca (betelnut): buatau
arena: gadara gabuna
aren't: lasi (Motu has no verb 'to be')
argue: hepapahuahu; heai
arithmetic: duahi duahi; namba; hagaua; numera (C)
arm (limb): imana
arm (for war): tuari gaudia abia; peva abia; tarakia gaudia abia (C)
armed: mai peva; mai tuari gaudia
armlet: ima gauna; ima herahera gauna; gana (C)
armour: auka gauna; kopina auka bamona
arms (weapons): tuari gaudia; tuari kohudia; ala ala gaudia
army: tuari oreana; tuari taudia; ami
aroma: bonana
around (encircling): hegege
around (approximately): bamona; sedira; reana (C); readia (C)
arouse (anger): habadua; havagegea (C)
arouse (waken): hanogaia; hatoreisi; haoa (C)
arrange (position): atoa namonamo; gau haboua
arrange (meeting etc.): hebou boilaia; hahegaegaea
arrest (legal): samania; abia lao
arrest (stop): hadokoa
arrive: ginidae
arrogant: hekokoroku bada; kwara auka
artery: rara varovaro badana
as (because): badina; dainai
as (same): bamona
as (when, while): neganai
ascend: daekau; daradae (C)
ashamed: hemarai
ashes: lahi momoru; lahi kahu; rahurahu (C)
ashore: tano dekenai; kone dekenai; tanoai (C)
ask (question): nanadaia
ask (request): noia; noinoi henia
asleep: mahuta
asphalt: pisi (C)
assault (physical): hadikaia; botaia
assault (sexual): rosia dika

assemble (come together): hebou
assemble (gather): haboua
assembly: hebou taudia; hutuma
assent: abia dae; laloa tamona
assert: gwau; hereva; hamaoroa
assign: gwauhamatalaia; abia hidi; atoa; halaoa
assist: durua
assistant: durua tauna
astonish: hahoaia
astonished: hoa
astray: boio; raka kerere; raka kava; loa kava
at: dekenai; ai (C)
atom: gau ibounai ena anina maragimaragi
attach (stick): kapaia; kamoatao
attain: abia; davaria
attack: heatu henia; tuari henia; gwau henia
attempt: toho; tohoa
attend (be present): lao henia; mai henia
attend (do): karaia
attend (listen): kamonai namonamo; hakala (C)
attire: dabua
attitude: laloa dalana; kara toana
attract: veria; veria mai
attractive: namo; mai hairaina
auction: davana idia boiboi hoihoi dalana
audience: kamonai noho taudia; hakala noho taudia
auditor: moni buka ia hamaoromaoroa tauna
auger (tool): budua gauna; ibudu (C)
aunt (father's sister): lalana
aunt (mother's sister): sinana; sinana maragi
austere: lalo auka
authority: siahu
automatic: sibona ia heau
automobile: motuka
autopsy: mase tauna ena mase dalana tahua
available: ia noho
avenue (Ave): dala
average: hegeregere sibona mo; bada o maragi lasi
avenge: davana karaia
aviation: pileini haheaua gaukarana
aviator: pileini biaguna; pileini taria tauna
avoid: dekea; siri
await: naria
awake: noga
awaken: hanogaia; haoa (C)
award: kwalimu ahuna (henia)
aware: diba
away: noho lasi; noho daudau dekenai; idau gabu dekenai
awful: dika rohorohoro; dika momo; dika herea
awfully: herea; dikadika; masemase
axe: ira

B

baby: beibi; natuna karukaru; natuna matamata
baby (newborn): vara matamata natuna; natuna matamata
bachelor: mero; tauhau; headava lasi tauna
back (animal, person): doruna
back (part): murinai kahana

back (away from): siri
back (car): revesi
back (go, come, give): lou
back and forth: lao mai lao mai
backbone: doruna turiana
backside (buttocks): kunu
backwards: murina kahana lao
bad: dika
badge: medolo
badly (very much): dikadika
bag (sack): puse; baege
bag (large string bag): kiapa
bag (small string bag): vaina; kiapa maragi
baggage: gau; kohu; gaudia
bail (water): seia
bail (court): kota davana; samania davana
bailer shell: koko (C)
bait: koi; koia; koikoi henia
bake: gabua
baking powder: beikini pauda
bald: huina lasi; kebere; rama kebere (C); boha (C)
ball: bolo
ballast: metau gauna; hametaua gauna
ballot: vouti
bamboo: baubau
banana: biku
bandage (cloth): bandesi; toto koua dabua; kumia dabua (C); dabua atoa; bandesi atoa; kumia
bandicoot: mada
bang: regena bada; bomu regena; pou regena
banish: taravatua; lulua oho
bank (river): sinavai isena; sinavai badina; popoto (C)
bank (commercial): banika
bankrupt: bisinesi ia moru; moni ia ore
banquet: aria; aniani momo
baptism: bapatiso
baptize: bapatisoa
bar (prevent): hadokoa; koua
bar (tavern): ba
barb: ginigini
barber: hui utua tauna
bare: koua lasi; kopina kavakava
barefoot: aena kavakava; tamaka lasi
barely: kahirakahira
bargain: davana maragi; davana bada lasi; hoihoi
bark (dog): boiboi; kwaru (C)
bark (tree): kopina; au kopina
barrack: gadara taudia hagoadaia
barracks: kampa; ami gabuna
barren (place): gau ta vara lasi gabuna
barren (childless): natuna abia diba lasi; gabani (C)
barrier: dala koua gauna
barter: hoihoi
base (evil): dika momokani
base (foundation): henuna; henu kahana; badina
base (place): gaukara badina gabuna
basement: tano lalonai ruma
bash: botaia
bashful: hemarai
basic: henuna; henu kahana; badina
basin (metal): besini
basin (wooden): dihu
basket: bosea

bastard: ariara natuna
bat (animal): mariboi maragi; sisiboi (C)
bat (flying fox): mariboi
bat (sports): bate
bath, bathe (oneself): digu
bathe (something): huria; hadigua (C)
battery: bateri
battle: tuari; heatu
bay: gohu; tabero (C)
B.C.: Iesu do ia vara lasi negana
be: be; na. (These are not equivalents. Motu has no verb 'to be').
be in trouble: kerere abia; kerere davaria
be quick: kara haraga
be sick: gorere
beach: kone
beacon: sisima dala lamepa
beads: ageva
beak: uduna
beam (light): diari
beam (timber): au; fobaitu; etc.
bean: bini; bine
bear (animal): uda boroma ta (tanobada haida dekenai
bear (carry): huaia
bear (child): mara; havaraia
bear (fruit): huahua abia; au huahua havaraia; anina vara (C)
bear (pain): hisihisi laloa lasi; aheauka (C)
beard: auki huina; vairana huina; adena huina (C)
beast: boroma; uda manuna; manu; mauri gauna
beat (drum): gaba toua; gaba regena
beat (hit): botaia; kwadia
beat (throb): hetaha; marere
beat (win): halusia; hanaia; kwalimu
beaten (lost): lusi vadaeni
beautiful: toana namo herea; mai hairaina; namo herea
beauty: hairai
because (for that reason): badina (be)
because (on account of): dainai; dekenai
beckon: imana davea; boiboi; kaloa (C)
become: lao
bed: mahuta patana; mahuta gauna
bedroom: mahuta daiutuna
bee: hanibi; nanigo bamona
beef: boromakau vamuna
beer: bia
beetle: pitopito
before (earlier): guna
before (facing; in front of): vairanai
beg: noia; noinoi; noinoi henia; hegame (C)
beggar: noinoi tauna; hegame tauna (C)
begin: statia; hamatamaia; matamaia
beginning: matamana
behave (badly): kara dika karaia
behave (well): kara namo karaia
behaviour: kara
behind (at the back of): murinai
behind (buttocks): kunu
belch: gado boiboi; boga regerege
believe (truth): abiadae; kamonai; abidadama henia (C)
believe (imagine): laloa
belief (creed): kamonai; laloa tao gauna; heabidae (C)
bell: gaba
bell-ringing: gaba toua; gaba botaia

bell is ringing: gaba ia tai; gaba ia boiboi
belly: bogana
belong: there is no general word; use possessive pronouns, 'lauegu, oiemu, etc.'
belongings: kohu; gau
below: henunai; henuai
belt (waist band): beleta; gabana gauna; gabanai kwatua varo
belt (hit): botaia; kwadia
bench: pata; patapata
bend: kona; gageva gabuna; poini; hagagevaia
beneath: henunai
benefit: namo; hanamoa
bent: gageva; maoromaoro lasi
benzine: bensin; bendini
berry: au huahua maragi
beside: kahirakahira; badibadinai
besides (also): danu
best: nambawan; namo herea; namo bada; namo momokani
betelnut: buatau
betray: hadikaia; samania; tauna torea (C)
better: (Motu has no comparative degree), e.g. 'namo; namo bada; namo bada herea
better (after sickness): ia namo ia lao; mauri vadaeni
between: huanai; padanai; bogaraginai (C)
beware: itaia namonamo; naria
beyond: unai kahanai; unu kahai (C)
Bible: Buka Helaga
bicycle: baik; basikele
big, bigger, biggest: (See 'Better'. e.g. lau be bada to oi be maragi)
bill (account, debit note): bili; davana karaia pepana
bill (bird): uduna
bill (Parliamentary): taravatu
billy can: bilikani
billy goat: nani; nanigosi
bind: guia; kwatua
bird: manu; roho manu; atai manuna
bird of paradise: logohu manu; logohu
birth: vara
birth (be born): vara
birth (give birth to): natuna havaraia; mara
birthday: vara dinana
biscuit: bisikesi; keke; kesikesi (C)
bit (amount): taina; sisina
bit (drill): budua gauna; ibudu (C)
bitch: sisia hahinena
bite: koria
bitter (taste): mamina dika; mami dikana; hegara; idita (C)
bitter (attitude): hegara; badu
bizarre: idau momokani
black (dark): korema; koremakorema
blackboard: bilakibodi; toretore gabuna
black magic: puripuri; meamea; vada (C)
black palm: goru
bladder: posi
blade (knife): kaia anina; kaia matana
blanket: bilankesi; hetaru gauna
blaspheme: Dirava ena ladana hadikaia
blast (explosion): pou; bomu
blast (whistle): hiriria
blaze: hururu
bleed: rara; rara ia diho

bless: hanamoa
blessing: hanamoa hereva; ahenamo (C)
blind (sightless): mata kepulu
blind (window): sesea
blister: gou
blister (blood): rara ase (C)
block (land): tano kahana; tano mai hetoana
block (wood): au tuana
block (prevent): koua; laoahu (C)
blood: rara
bloom (flower): herahera ia vara
blossom: herahera; palaoapalaoa
blot out: kokia; rohoa
blow (wind): hodaia; toa
blow (flute): hiririoa
blow (fire): hahurua
blow (hit): botaia; paisia
blow (nose): kuru negea
blue: bulu; gadoka gadoka
bluff: koia; koikoi
blunder: kerere
blunt: matana lasi; gano lasi (C); batutu (C)
blush: hemarai (toana)
boar: boroma tau; boroma maruanena (C)
board (plank): reirei
Board (management): Bodi
board (lodging): noho; noho davana
board (go aboard): guia (lao)
boat: vanagi; bouti; kada; aupbod; kurupela
body: tau anina
bog: kopukopu; paripari gabuna
bogged: kamokau vadaeni
boil (water): boila; nadua
boil (sore): toto; iohururu (C)
boisterous: boiboi momo; dagedage; udu mauri (C)
bold: goada; boga auka; lalo auka
bomb: bomu; bomua
bone: turia
book: buka
book (reserve): buk
book (credit): bukini; abitorehai
boot: tamaka; su
boot (car): kohu gabuna
border: isena; tano hetoa; maka gabuna; hetoa gabuna
bore (drill): budua; matu karaia; guri karaia; holoa
bored (fed up): hesiku
born: vara
borrow: abitorehai
bosom: rata; keme
boss: biaguna; bosi tauna; badana; biagua
both: ruaosi; raruosi (C)
bottle: botolo; kavabu
bottom: henuna; badina
bough: rigina; au imana
boulder: nadi badana
bounce: roho; harohoa
bound (tied): guia; kwatua vadaeni
bound (jump): roho
boundary: hetoa gabuna; tano hetoa; tano isena; tano ena maka
bow (weapon): peva
bow (string or ribbon): bou; gelo (C)
bow (ship): kwarana; kurukuruna (C); idama
bow (down): kwarana hadihoa; toma diho; igo diho (C)

bowels: boga
bowl (wooden): disi; dihu (C)
bowl (pottery): disi; nau (C)
box (container): maua; keisi
box (fight): paisi; boksini
boy: mero
boys: memero
brace (house): ruma dogoatao auna
brace (tool): budua gauna; breisi; ibudu (C)
bracelet: gana; ima gauna
brag: heagi hereva; hekokoroku hereva
braggart: hekokoroku tauna; heagi tauna
brain: kwara anina; hara (C)
brainy: mai kwarana
branch (tree): rigina; au imana
branch (business): kahana
brand: maka; toa
brave, bravery: boga auka; lalo auka; goada
brawl: heai; heatu henia
bread: paraoa; beredi
breadfruit: unu
breadth: lababana
break: makohia; hamakohia
break (law): taravatu utua
break (vines, string): hamotua
break (sticks, etc.): hakwaidua
break (contract): gaukara rakatania kava; kontraka utua kava
break (day): dabarere
break (rest): sipele
breaker: hurehure badana
breakfast: daba aniani
breast: rata; keme
breath: laga; hahodi
breath (get ones breath): laga ania
breath (short of): laga tuna
breathe: laga; hahodi
breech cloth: sihi
breed (nurture): ubua; naria
breed (give birth): havaraia; mara
breed (conceive): rogorogo
breeze: lai; hodahoda
bribe, bribery: lalo ani; lalona ania
brick: biriki
bride (-groom): headava matamata hahine; (tauna)
bridge: nese hanai; hanaia nese; vopu
brief: nega sisina; sisina; kwadogi
bright: mai diarina; diaridiari
brightly coloured: kala mai diari
brilliant: mai diarina; diaridiari
brim: isena; bibina (C)
bring: mailaia; abia mai
briskly: haraga; kara haraga
bristle: boroma huina; barasi huina; huina ia gini; huina ia toreisi
broad: lababana
broadcast: reidio herevana; boilaia
broaden: lababana habadaia; halababaia (C)
broken: makohia; makohia ore; makohia maragi maragi
broken (unserviceable): dika vadaeni
brood: uari; laloa momo; lalohadai (C)
brook: sinavai maragimaragi
broom: darodaro gauna; buriki; burumu
broth: supu; vasiahu
brother (and sister)
    same sex, elder: kakana
    same sex, younger: tadina
    opposite sex: taihuna

brow (eye): mata huina; ibuni (C)
brow (forehead): bagu
brown: kakakaka; korema bamona; uriuri (C)
bruise: toto; kopina hadikaia
brush: darodaro gauna; barasi; dahua
bubble: lohilohia; boila; posiposi (C)
buck: roho isi; roho daekau
bucket: baketi
bud: herahera matamata; tuhutuhu (C)
budge: marere; hamarerea
buffalo: boromakau
bug, tick: utu; darura (C)
build: haginia; karaia
builder: kamuta; ruma karaia tauna
building: ruma
bulb (light): lamepa; golobu
bulge: gudu; gudu dae
bull: boromakau tau
bullet: kateresi; buleti; ipidi anina; ipidi nadina
bully: dagedage tauna; hagaria tauna
bully beef: vamu; boromakau; bulitini
bump: bamepa; tatakau; botaia; kamokau
bunch (bananas): imana; isi (C)
bundle: ikumi; kohu; igui (C); maduna (C)
bunk: mahuta patana; bedi
buoy: maka gauna
buoyant: hure noho
burden: metau gauna; metau; maduna (C)
burn (cook): gabua
burn (grass): doua (C)
burn (inflict pain): araia
burst: pou; hapoua
buried: guria vadaeni; heguri (C)
burrow: matuna; guri; guri geia; matuna karaia
bury: guria
bus: basi; piembi
bush (a): ava; au maragi
bush (the): uda; gunika kahana
bush fowl: kepoka
bushknife: kaia badana; ilapa
bush people: gunika taudia
business: bisinesi; gaukara
busy: gaukara momo; bisi; hekwarahi; hegonu (C)
but: to
butcher: boromakau alaia tauna; vamu utua
butter: bata
butterfly: kaubebe
buttocks: kununa; koekoe (C)
button: pitopito
buy: hoia; hoia mai; hoihoi
by (beside): dekenai; badibadinai; badinai; ai
by (means of): amo; dekenai
bye and bye: dohore; gabeai; kerukeru vanegai (C)
bye bye: bamahuta
bypass: hanaia; hagegea

C

cab: taksi; motuka; ka
cabbage: kabesi; kabedi
cabinet (box): maua; keisi
Cabinet (government): kaunsolo badana; Gavamani
cable (steel): uaea
cable (communication): uaea; telegram

cacao: koko
cage (enclosure): magu; ruma
cake: keike; sikoni; bisikesi
cake (soap): sopu ta
calculate: duahia; laloa; hagaua (C)
calendar: kalenda
calf (animal): boromakau natuna
calf (leg): ae murina
call: boiboi; boiria
call (a name): atoa; gwauraia; hatoa (C)
calm (person): manau tauna; badu lasi tauna
calm (sea): hurehure lasi; davara namo; vea (C)
camera: laulau karaia gauna
camera (private): hehuni
camp: kamepa; kalaga (C)
can (container): tini
can (is able): diba; hegeregere
canal: koupa badana
cancel: kokia; rohoa; alaia
candle: kandolo; lamepa maragi
candy: loli; lole
cane: oro
cannibal: tau ania tauna
cannot, can't: hegeregere lasi; diba lasi
canoe (with outrigger): vanagi
canoe (without outrigger): asi (C)
canoe (double hull): puapua
canoe (multiple hull): lagatoi
canoe (outboard motor): aupbod
canoe outrigger: darima
canoe paddle: hode
canoe pole: vanagi doaia auna; aivara (C)
canvas: palai; dabua
cap (headwear): kwara gauna
cap (lid): koua gauna
capable: diba; hegeregere
cape (headland): iduka
cape (rainwear): renikoti; medu dabua
caper: gadara; roho isi roho isi
Capital (city): hanua badana; Gavamani ena noho gabuna
capital punishment: kota ena hamasea karana
capsize: bubua; hebubu; helakwa (C)
captain: kapena; gunalaia tauna
capture: dogoa tao; abia mauri; dabaia tao
car: motuka
carbuncle: toto badana; gudu toto
cards (playing): kasi
care (for): naria; naria namonamo; ubua
care (attitude): laloa
careful (to be): (karaia) namonamo
carefully: namonamo; metaira
careless (to be): (karaia) kavakava; namo namo lasi
caretaker: naria tauna; balaia heni tauna (C)
cargo: gau; kago; kohu (C)
carpenter: kamuta tauna; kapeneta; ruma karaia tauna
carpet: geda
carrier (porter): kohu huaia tauna; gau huaia tauna
carrier (vehicle): taraka
carry: huaia
cart: treila; kariota
cartridge: kateresi; buleti
carve: utua
case (box): maua; keisi
case (legal): kota

cash: moni
cask: maua; daramu
cassowary: kokokoko
cast (net): reke tahoa
cast (fishing line): kimai
castaway: roho mauri tauna
castle: ruma bada herea
castrate: abona utua
cat: pusi; pusikasi
catch (ball): gobea
catch (cold): davaria
catch (fish): abia
catch fire: lahi ia araia; lahi ia gabua
catch of fish: gwarume serina
caterpillar: gaigai maragi; gaigaigaigai (C)
cathedral: dubu badana; bisop ena dubu
cattle: boromakau
caulk: matuna koua
cause: badina; havaraia
cautiously: metairametaira
cave, cavern: kohua; ororo matuna
cavity: matuna; guri
cease: doko; ore
celebrate: moale karaia; helalo
cement: semenisi
cemetery: mase guri gabuna; gara gabuna (C)
census: taunimanima duahia; ladana abia gaukara
centipede: aiha; ahia
centre: bogaragina; ihuana (C)
century: (lagani) sinahu ta; (lagani) handerede
certain: diba namonamo; momokani
chain: seini
chair: helai gauna; helai patana; sea
chalk: sioka
challenge: goada helulu boiboina
champion: kwalimu tauna; goada momo tauna
chance (gambling): laki gadara
chance (no): dala lasi
chance (by): kava
change: senesia; haidaua; halaoa
channel: matuna; dalana
character: kara
charge (battery): bateri hasiahua
charge (court): samania; habadea (C)
charge (fighting): heau henia heatu totona
charge (in store): bukini
charge (payment): davana
charity: hebogahisi karana
charm (sorcery): puripuri gauna; mea
charm (please): hamoalea
chart: mapu
chase: lulua; havaia (C)
chasm: koupa badana
chaste: kara goeva
chastise: panisia; botaia; mata kani henia (C)
chat, chatter: kiki karaia; hereva hereva
cheap: davana maragi
cheat: koikoi; koia
check (inspect): sekea; hamaoromaoroa
check (stop): koua
cheek: vairana; vahana
cheeky: rasekolo; hematourai lasi
cheerful: mai moale; lalonamo
cheese: sisi
cheque: seke
chest (body): kemena

chest (box): maua
chew: ania noho; gauaia (C)
chicken: kokoroku
chief (person): lohia
chief (thing): badana
child: natuna; (natuna) maragi
childbirth: mara; mero abia
childless: gabani
chili: sili; rehegini (C)
chill: keru; kerua; hakerua; haparakaia
chime: gaba regena
chin: adena; aukina
china: nadi mereki
chip: pataia oho
chips (potato): sipisi
chisel: sisolo; vadu (C); pako (C)
chocolate: sokoledi
choke: gadona koua; aiona gigia; gadona taraia (C)
choose: abiahidi; gwauraia (hidi); duanaia (C)
chop (split): utua; siria (C); taraia
Christ: Keriso
Christmas: Kirisimasi
chrysalis: kaubebe gatoina; kaubebe natuna
chum: tura
church (institution): ekalesia
church (building): dubu
church (service): guriguri
cigar: kuku; sigareti
cinema: pikisa ruma; laulau itaia ruma
circle: kuboru; hagegea; hegege lao
circular: kuboru; kuboru kuboru
circular (letter): hadibaia revarevana
cistern: tanika
citrus: siporo; orenisi; madarini
city: siti; hanua badana
civilized: manada
claim: gwauraia; henanadai; noinoi
clam: butubutu
clamp: hakapua auka (gauna)
clan: iduhu
clap: ima patapata; ima botaia; hanamoa
clasp: dogoatao; rosia
class: orea; idau; kalasi
claw: imana
clay: raro; tano kakakaka; duba duba (C)
clay pot: uro; hodu; nau
clean: goeva; huria; hagoevaia
clear: goeva; namo; diari; hagoevaia; negari (C); lailai (C)
clearing: au lasi gabuna
clerk: kalaka
clever: diba momo; aonega
cliff: hagahaga gabuna; ororo makohi
climate: (gabu ena) siahu bona keruma
climb: dae kau; dara dae
clip (off): utua
clip (together): dogoatao; kapua (C)
clock: dina gauna; hora gauna
clog: koua
close, (closed): koua
close (near): kahirakahira
cloth: dabua
cloth (piece of): dabua taina; dabua maragi; seana (C)
clothe: dabua karaia; dabua atoa; dokia (C)
clothes: dabua
cloud: ori; guba duba (C)
club (stone): heatu nadina; gahi (C)
club (wooden): heatu auna; botaia auna; kepata (C); kareva (C)
club (social): kalabu
clumsy: namonamo lasi
coarse: manada lasi; dika
coast: kone; tano isena
coast (roll): keia lao; hekei (C)
coat: kouti
coax: lalona ania; haduaia
cobweb: magera ruma; valavala (C)
cock (rooster): kokoroku
cockroach: pitopito
cocoa: koko
coconut (for drinking): karu
coconut husk: bunu; niu kopina
coconut milk: niu ranuna; dehoro
coconut palm: niu auna
coffee: kopi; kofe
coffin: mase mauana
coin: moni
coition: gagaia; mahuta hebou; sihari; "hereva"
cold: keru; keruma
cold (very): paraka; paraka paraka
cold (sickness): gorere; kuru; udu kurukuru; huahua
collect: haboua; gogoa
college: koledi; sikuli badana
colour: kala; penia; kala (idau) karaia; umua (C)
colt: hosi maragina
comb: iduari; duaria
combine: haboua; kampani; bisinesi
come: mai
comedy, comical: hevaseha; mai kirina; gadara; fani
comfort: noho namo; hagoadaia
command: haduaia; oda; taravatua
commandment: taravatu
commandment (break): taravatu utua
commandment (keep): taravatu badinaia
commence: matamaia; hamatamaia
commend: heagilaia; hanamoa; imodaia (C)
comment: hereva
commerce: bisinesi
commit (crime): karaia
commit (oneself): lalona henia
committee: komiti
communicate: hereva henia
Communion (Holy): Anibou Helaga
communion (gathering): hereva hebou; noho bou (C)
community: orea
compact: maragi; gigia bou
companion: turana; bamona (C)
company (friend): turana; bamona (C)
company (business): kampani; orea; bisinesi oreana
compare: hahegeregerea; sikelia; sikeilea
compass: kampasi; dala gwauraia maoro gauna
compassion: hebogahisi
compete: gadara helulu
complain: maumau
complaint: (badu) hereva; ahebade (C); gwaugwau
complaint (sickness): gorere
complete: ore; haorea
completely: ibounai; vadaeni; momokani
complex, complicated: auka; idauidau momo

compose: karaia; haboua
comrade: turana; bamona (C)
conceal, concealed: hunia; hehuni
conceited: hekokoroku
conceive (think): laloa
conceive (pregnant): rogorogo
concern: laloa momo; uari
concerning: dekenai; dainai; totona
concert: ane gadara; miusika; koneseti
conch shell: kibi
conclude (finish): hadokoa; haorea
conclude (decide): laloa tao; laloa vadaeni; laloa dogoatao
conclusion: dokona
concur: lalo tamona; abia dae
condemn: hadikaia; dika gwauraia; kerere davana gwauraia; hereva dika henia
condition (state): goada
condition (proviso): taravatu; hereva
conduct (behaviour): kara; dala
conduct (lead): gunalaia; hakaua; biagua
confess: gwauraia hedinarai; hereva hedinarai
confidence: abidadama; lalo auka; gari lasi
confidential: hunia noho; hehuni (C)
confirm: hamomokania
conflict (fight): heai; heatu; tuari
conflict (disagreement): lalona tamona lasi; idau; agenesi
confuse: hadaradaraia; daradara (havaraia)
congratulate: hanamo henia; heagilaia
connect: atoa hebou; hakapua
conquer: kwalimu; halusia; hadarerea (C)
conscience: laloa (maoro o kerere)
conscious: lalona ia noho; mamina abia; mauri lou; noga vadaeni
conscious (of): diba
consecrate: hahelagaia; hasiahua
consent: maoro henia; uralaia
consider: laloa karaia; laloa namonamo; lalohadailaia (C)
consign: siala lao
console: hagoadaia; goada henia
constable: polisi; pulisi
constantly: nega ibounai; hanaihanai
constipation: kukuri dalana ia auka; bogana ia dika
constituency: memba ena kahana taudia
constitute: anina be
constitution (rules): taravatu
constitution (health): tau anina
construct: karaia; haginia
consult: hereva hereva; gwauhenia; laohenia
consume: ania; hadikaia ore
contagious disease: hanaia haraga gorere; abia haraga gorere
contain: lalonai noho; koua
contemplate: laloa tahua; lalohadai; laloa namonamo
content: lalo namo; laloa ia namo
contents: anina gaudia; lalonai gauna
contest: gadara helulu
continent: tano badana
continue: doko lasi; ore lasi; . . . . . noho
continually: hanaihanai; nega ibounai; dina ibounai
contract (business): kontraka; saini; gaukara
contract (sickness): gorere davaria

contradict: hereva utua; gwau tora (C)
contrary: agenesi; idau; lalo auka
contribute: henia; harihari henia; atoa
contrite, contrition: manau
control: naria; biagua; hakaua
controversy: hepapahuahu; heai
convenient: hegeregere; mai dalana; auka lasi
convention (custom): kastom; sene karana
convention (meeting): hebou
conversant: diba; mai dibana
conversation: hereva hereva
converse: hereva hereva
conversely: ma hereva ta be . . .
convert: senesia; haidaua; haloua
convict (criminal): dibura tauna
convict (court): kota hereva henia; gwauraia kerere
cook (person): aniani nadua tauna; kuki
cook (bake, roast): gabua
cook (boil, steam): nadua
cooked: maeda; gabua vadaeni; nadua vadaeni
cookie: bisikesi
cool: keruma; keru sisina
cooperate: durua
cooperative (society): koporeitiva
copper: kapa
copra: kobara
copulate: gagaia; sihari
copy: tohotohoa; kopia
coral: nadi; davara nadina; nadi kuro (C)
cord: varo
cork: koua gauna; koke
corn: koni
corner: kona; daiguni (C)
corpse: mase tauna; mase tauna ena tauanina
corpulent: boga bada; nuana bada (C)
correct: maoro; momokani; hamaoromaoroa
corrode: raraka; rastaia
cost: davana
costly: davana bada; moni bada
cot: natuna ena mahuta patana
cotton: kotini; beberoho (C)
cotton wool: kotini vulu
couch: hekure patana; mahuta patana; helai patana
cough: hua; huahua
council: kaunsolo
councillor: kaunsolo tauna
counsellor: sisiba (henia) tauna
count: duahia
countenance: vairana
counter (shop): hoihoi patana
counterfeit: koikoi; momokani lasi
country: tano
couple (married): tau mai hahine
couple (pair): rua; ruaosi
couple (join): dioinia; ahesiriua (C)
courage: boga auka; goada
course (path): dala
course (study): sikulu
court (legal): kota
court (keep company): sihari
cousin: tadina; kakana; taihuna; tadikaka; varavara
cove: gohu maragi; gohu; tabero (C)
covenant: kontraka; taravatu
cover: koua

covered: koua vadaeni; koua ahu
covet: ura dikadika; mama; hekise hekise (C); gahusi (C)
cow: boromakau
crab: bava; dubara; kokopa (C)
crack: matuna; maka; makohia; parara (C)
cradle: natuna ena mahuta mauana
crash: bampa; makohia; tatakau; moru; kerere
crate: maua
crawl: rau
crayfish: ura
crazy: kavakava; masena; kava mase
cream: milika ena digara
create: karaia; havaraia; hamatamaia
Creator: Dirava; Iehova
credit (commerce): bukini; abitore
credit (believe): abia dae
creek: sinavai maragi
creep: metaira metaira lao
creeper (gourd): popo; kwanau; uda varona
crest (bird): ibara (C)
crest (hill, etc.): dorina; atai momokani
crew: kuru
crime: kerere; kara dika; taravatu utua
criminal: kerere tauna
cripple: aena dika tauna; hedairike (C)
crocodile: huala
crooked: gageva
crop (agriculture): hadoa gaudia; hadohado gaudia
crop (cut): utua
Cross (crucifix): Satauro; korosi
cross out: kokia oho; rohoa
cross (angry): badu
crosswise: baribara (C)
crow (blackbird): galo
crow (cry): boiboi; tai
crowbar: koroba
crowd: hutuma; taunimanima momo; hebou; aru taudia (C)
crown (headwear): kwara gauna; korona
crown (of head): tubua
crucify: hasatauroa
crucifix: satauro; korosi
cruel: dagedage
cruise: heau
crumb: paraoa momoru; aniani momoru
crush: hapataia; hamakohia
crutch: raka gauna; itotohi
cry (shout): boiboi; lolo
cry (weep): tai
cucumber: kiukamba
cuff: dabua isena
cult: dubu orea; mauri dala idauna
cultivate: geia; tano hamakohia
culture: mauri dalana
cunning: aonega; diba momo; mai aonega; mai koikoina
cup: kapusi; kehere; kebere
cup of tea: kapati
cupboard: seipi
cure: hanamoa; hamauria
curious (enquiring): ura diba gwauraia
curious (strange): idau
currency: moni
current (time): hari gauna; harihari
current (tidal, river): aru
curry: kare
curse: gwau dika henia; hadikaia: suea
curtain: uindo dabua; seseahu (C)
curve: gageva; hagagevaia
cuscus: vaura
cushion: geda manoka; kusini; pilo; ikuina (C)
custom: dala; kara; bese ta ena mauri dala
cut: utua; ivaia
cutting edge: matana; isena
cyclone: lai dika masemase
cylinder: paipa bamona gauna

D

dad, daddy: tama
dagger: kaia (maragi)
daily: dina ta ta
dam (reservoir): ranu hebou gabuna
dam (a river): sinavai koua
damage: hadikaia
damaged: dika
damn: hadikaia herevana
damp: paripari sisina
dance: mavaru
dangerous: dika; dika momokani; gari gauna
dark (place, etc.): dibura
dark (colour): korema; korema korema
darkness (night, dusk): hanuaboi; vabura (C)
darn: turia
dart (move): heau haraga
dart (weapon): io maragi
dash (a little): sisina
dash (move): heau haraga
dash (throw): tahoa diho
date (day): dina
daub: atoa; dahua
daughter: natuna kekeni; kekeni; natuna hahine
daughter-in-law: ravana hahine
dawn: dabarere
day: dina
day after tomorrow: kerukeru vanegai
day before yesterday: vanegai
daybreak: dabarere
daylight: diari
daytime: dina neganai
dazed: maserea
dead: mase
deadly: mase havaraia
deaf: taia kudima
deal (trade, business): hoia; hoihoi
deal (share out): haria
dear (expensive): davana bada
dear (loved): lalokau
death: mase
debate: hereva hereva; hepapahuahu
debt: abitorehai
decade: lagani gwauta
decay, decayed: patapata; dika; bodaga; dika vadaeni
deceit: koikoi
deceive: koia
decent: namo
decide: laloa namonamo; lalohadaia; lalohadailaia
decision: laloa herevana; lalohadai
deck (canoe): patana; enoeno (C)
declare: gwauraia
decline: ura lasi; dadaraia
decorate (ornament): herahera atoa; haheraia
decoration (ornament): herahera

decoration (award): medolo
dedicate: laloa bada; hahelagaia
deed: kara
deep: dobu
deer: dia; boroma dia
defeat: hamorua; halusia; hadarerea (C)
defeated: halusi; hamoru vadaeni
defend: naria; koua; gimaia (C)
deflate: hodahoda halasia
deflated: hodahoda lasi
deficient: hegeregere lasi
defile: hadikaia; hamiroa
defraud: koia; koikoi; tirikia
Deity: Dirava; Iehova
delay (someone): dogoa tao
delay (wait): noho kava
delegate: orea ladanai hereva
delete: kokia oho
deliberately: metairametaira; namonamo
delicate: manokamanoka
delicious: mamina namona; digara momo
delight: moale bada
deliver: henia; mailaia
delude: koia; koikoi; tirikia
deluge: medu momo; medu bada herea
demand: noia; noinoi
demented: kavakava
demolish: hadikaia; hamakohia
demonstrate: tohoa; hahedinarai; karaia toho; tohotohoa (C)
denial: hegore; lasi gwauraia
dense: uduna
dentist: isena hanamoa tauna; isena ragaia tauna
deny: hegorea; gorea; lasi gwauraia
depart: lao; gabuna rakatania
depart!: siri!
depose: atoa diho; hadihoa
deposit: atoa
depressed: lalo hisihisi
depth: dobu; dobuna
deputy: durua tauna; ibolona tauna (C)
deride: kirikirilaia; hadikaia
descend: diho
descendant: natuna; tubuna
descendants: bese
descent: diho; diho dalana
desert (place): gau ta ia vara lasi gabuna; tano kava
desert (leave): rakatania
deserter: heau tauna
design (pattern, plan): herahera; laulau; dalana
desire: ura
despise: ura lasi momokani; ura henia lasi
dessert: aniani mai digara; suitikai
destiny: lao henia gabuna
destitute: ogogami; kohu lasi; moni lasi momokani
destroy: hadikaia; hamakohia
detour: lao hegege
detract: laloa abia oho; laloa kokia
devastate: hadikaia; hamakohia
develop (photograph): laulau huria
develop (build up): hanamoa
Devil: Diabolo; Satana
devoid: gau ta lasi; noho lasi
devote: laloa bada
devotion (religious): guriguri
devotion (friendship): lalokau

devour: ania haraga
devout: guriguri ia ura henia
dew: hunu; dabarere ena paripari; rei latanai ranu
dialect: gado; gado momokani; gado idau taina
diarrhoea: kukuri ranu
dictionary: hereva anina torea buka
die: mase
differ: idau; laloa idau; karaia idau
different: idau; idau idau
difficult: auka; metau; dala lasi; hegonu (C)
dig: geia; matu karaia
dilate: gudu; gudu dae
diligently: namonamo
dim: diari namo lasi; diari maragi; diari hegeregere lasi
din: rege; regerege bada momokani
dining room: aniani gabuna; aniani daiutu
dinner (lunch): dina tubua aniani
dinner (supper): hanuaboi aniani
dip: hahonua; burua (C)
diplomat: gavamani ladanai hereva tauna
direction (road, way): dala; gabu
direction (order): taravatu herevana
director: gunalaia tauna; biaguna
dirt, dirty: miro; miroka
disable: hahisia; hadikaia
disagreeable: lalo tamona lasi; ura lasi; ura henia lasi; dika; dagedage
disappointed: lalo hisihisi; moale lasi; ura gauna davaria lasi
discard: negea; atoa siri
disciple: diba tahua tauna; murinai raka tauna
discipline: lalo auka karana; gwau henia; panisia
discourteous: hereva dika; gwau dika henia; hematauraia lasi
discover: davaria
discuss: hereva hereva
disease: gorere
disfigure: toana hadikaia
disgrace: hemarai
disgust: lalodika; badu
dish (plate): mereki; disi; pleiti
dish (china): nadi mereki
dish (clay): nau
dish (wooden): dihu
dismiss: hadokoa; siaia lao; lulua; sakia
disobey: kamonai henia lasi; gwau edeede (C)
dispensary: muramura ruma; eidiposi
dispense: henia
dispense with: hadokoa; kokia; negea
disperse: siaia oho; siri; kahana kahana lao; rakatania
dispose of: negea; kokia; hadokoa
dispute: heai; heailaia; hepapahuahu
disregard: lalohadaia lasi; laloa lasi; kamonai henia lasi
dissolve: veve; havevea
distance, distant: pada; pada ena daudau; daudau
distend: gudu
distinct (clear): korikori
distinct (different): idau; idauidau
distinction (with): mai hereadaena; mai ladana; mai toana
distinguish: dibaia

distinguished: mai toana; mai aonega
distort: hadikaia; hagagevaia; hakererea
distribute: henia; henihenia; haria
district: kahana; gabuna; distiriki
District Officer: D.O.
distrust: hamomokania lasi; abidadama henia lasi
disturb: hamarerea; hagaria; hadikaia; hahegonua
ditch: koupa; dadaira (C)
dive: paudobi; roho diho
diverse: idau idau
diversion: dala ma ta; gadara
divert: dala ma ta dekenai giroa; hamoalea
divide: haria; henia hagau hagau
division: lalo tamona lasi; parara
divorce: hadihoa; negea; lulua
divulge: hedinaraia
dizzy: kwarana ia giroagiroa; laloa ia giroa giroa; matana ia giroa; kwarana ia laigo (C)
do: karaia
do (good): hanamoa
do (harm): hadikaia
docile: manada; dagedage lasi; manau
doctor: dogeta; doketa; muramura henia tauna
document: pepa; fomu
dodge: dekea; roho siri; koia
dog: sisia
dollar: dola
dolphin: kidurui
domestic (animal): ubu ubu (gauna); ubua (gauna)
domestic (things): ruma dekenai noho gaudia; ruma kohudia
domestic servant: ruma gaukara tauna; ruma naria tauna
done (completed): karaia vadaeni; ore
donkey: doniki
dont!: karaia lasi!
door: iduara; koukou (C)
dormitory: mahuta rumana
dot, dotted: toutou
double: rua
double (fold): lokua
doubt: lalo daradara
dove: pune; kerea (C)
down: diho; dobi (C)
doze: mahuta
dozen: tuele; daseni; gwauta rua (C)
drag: veria; dabuia (C)
dragon (large lizard): sia; siha; ariha badana
drain: dadaira
draw (picture): laulau karaia; laulau torea
draw (pull, attract): veria
draw (water): ranu utua; ranu abia
drawer: doroa
dread: gari bada; gari henia
dream: nihi
dregs: momoru; orena; kurikurina (C)
dress: dabua; deresi; dabua atoa; dabua karaia; hahedoki (C)
dressing (bandage): kumia; bandesi; kumi-kumi dabuana
drift: hure lao; aru lao
drill (exercise): dirili; tauanina hagoadaia gadara
drill (tool): ibudu; budua gauna

drink: inua
dripping: digara
drive (away): siaia lao; lulua oho
drive (car, etc.): taria; aheaua; draiva
drive (nail): kokoa; botaia
drop (fall): moru
drop (let fall): hamorua; negea
drop (water): ranu hetuturu
drought: medu lasi negana; kaukau bada negana; doe (C)
drown: hamaloaia; maloa
drowsy: matana ia mahuta; matana ia garaia (C)
drug: muramura
drum (instrument): gaba
drum (oil, etc.): daramu
drunk: kekero; inuinu masena
dry: kaukau; hakaukaua
dry (food): kakoro
drydock: sisima gaukara gabuna; silepi
duck (avoid): dekea; roho siri; koia
duck, duckling (bird): daki
duck (wild): mokoraha (C)
duck (a person): buruburua (C)
dugong (sea cow): rui; davara boromana
dugout canoe: vanagi
dull (blunt): matana lasi; ganona lasi (C)
dull (mentally): laoa metau; diba haraga lasi; lalo duhu (C)
dull (uninteresting): mamina lasi
dull (weather): dina ia diari lasi; daga ahu (C)
dumb: hereva diba lasi; mu (C)
dung: kukuri; tage (C)
during: neganai; nega lalonai; lalonai
dusk: dina ia diho negana; dibura kahira-kahira
dust: kahu
duty: gaukara
dux (school): kwalimu merona
dwarf: tau kwadogi; tau maragi
dwell: noho
dwelling: ruma; noho gabuna
dye: kala; dai; kala atoa
dysentery: rara kukuri

E

each: ta ta; tamona tamona
eager: ura bada; mai goada idoinai; mai lalona idoinai
ear: taia
ear (corn, etc.): (koni) anina
early: haraga; guna
earn: gaukara davana abia
earring: taia herahera
earth: tano; tanobada
earthquake: tano mareremarere; tano laga (C)
earthworm: tano gaigai maragi ta; biluga (C)
ease (comfort, rest): noho namonamo; laga ani
ease up: metaira; metairametaira sisina (karaia)
easily, easy: auka lasi, haraga; hekwarahi lasi
east: dina ia daekau kahana; atai kahana; mairiveina (C)

Easter: Paseka; Ista; Iesu ia toreisi lou dina
eat: ania; aniani
ebb tide: davara ia kui; ranu ia diho
echo: rege ia giroa mai; hetohotoho (C)
eddy: ranu ia girogiro
edge: isena; matana; digina (C)
edible: aniani gauna; ania gauna
educate: hadibaia; sikuli
eel: dagwala; minama (C)
effect (action): karaia
effect (result): kara anina
effort: hekwarahi
egg: gatoi
elastic: raba
elbow: diuna; sikuru gabuna; ima geduna (C)
elder: tau bada; tau buruka; iahu (C)
eldest, oldest: lagani bada; vara guna; roboa (C)
elect: abiahidi; vouti henia; elekseni
electricity: paoa
elephantiasis: badau
else (other things): orena
else (otherwise): o; eiava
emaciated: turia kavakava; tauanina maragi; kopina ia ore
embassy: tanobada idau ena ofesi
ember: gida; kahu siahu
emblem: toana; pepe; palaiga
embrace (hold): rosia
embrace (believe in): badinaia; abiadae
empire: basileia
employ (people): hagaukaraia
employ (things): gaukaralaia; iusilaia
employment: gaukara
empty: anina lasi; anina ia ore; kavakava
empty out: anina bubua; anina negea
encircle: hagegoa
enclose: koua; magua ahu (C)
enclosure: magu lalona gabuna; lalona gabuna
encourage: hagoadaia
end: dokona, duduna, doko, ore; hadokoa; haorea; koua
endeavour: karaia toho; goada toho
endless: doko lasi; ore lasi; hanaihanai
endure (remain): noho hanaihanai; noho daudau
endure (put up with): goada noho; aheaukalaia; aheauka
enemy: tuari henia tauna; heatu henia tauna; dagedage henia tauna; inai tauna (C)
energetic: mai goada; haraga; lega haraga (C); tau mauri (C)
energy: goada
engage (employ): hagaukaraia
engaged in: karaia noho
engagement (marriage): maohenia
engine: ensini; indini
English: nao gado (Can also mean any foreign language)
engrave: utua; torea; ivaia
enjoy: moalelaia; ura henia
enlarge: habadaia

enlighten: hadibaia; hahedinaraia; hadiaria
enormous: bada herea momokani; gaubadabada (C)
enough: hegeregere; davana (C)
enough! vadaeni
enquire: nanadaia
enquiry: henanadai; noinoi
enrage: habadua; havagegea (C)
ensign (flag): pepe; palaiga
enter: vareai
entertain (amuse): hamoalea
entertain (guests): abia dae
entertain (ideas): laloa
entertainment: moale karana; gadara; kiri
entice: veria; laloa ania; dibagania; koia
entrails: boga lalonai gaudia; bogarau (C)
entrance (way in): vareai gabuna; iduara
entranced: moale
entreat: noinoi; noia
entwine: guia; mogea; kwatua; hiria (C)
enumerate: duahia; gwauraia; hagaua
envelop: koua
envelope: revareva udaia gauna
envy: mama; ura dikadika; ura lalodika; hekisehekise (C)
equal: hegeregere
erase: rohoa; harohoa; kokia oho; dahua oho
eraser: raba
erect (make): haginia
erect (upright): gini maoromaoro
error: kerere
erupt: pou
escape: heau; heau mauri; roho mauri
essence: anina; muramura
essential: (gau) badana
establish: hamatamaia; haginia; havaraia
estimate: hagaua; duahia
eternal: hanaihanai
eucalyptus: gea (C); boroko (C)
European: tau kurokuro; hahine kurokuro; nao (C)
evacuate: rakatania; heautania; raka siri
even (balanced): hegeregere; manada
even (straight): maoromaoro
even (too): danu
even though: ena be ..... to
evening (early): adorahi
evening (late): hanuaboi
event: kara; gadara
eventually: dokonai; gabeai
ever, everlasting: hanaihanai
every: ibounai; ta ta
evil: dika
ewe: mamoe hahine
exactly: momokani; hegeregere; korikori (C)
examine: itaia namonamo; tahua; nanadaia
example: kara; oromana (C)
example (for example): hegeregerena
excavate: geia
exceed: hanaia; hereaia
excel: herea; kwalimu
excellent: namo herea; namo bada herea; hereadae (C)
excess, excessive: momo herea; bada herea
excess (too much, left over): orena; mia kava gauna (C)

exchange (change): senesia; haidaua
exchange (barter): hoihoi; hoia
excite, exciting: hahoaia; herouherou (C); haheroua (C)
exclaim, exclamation: boiboi; lolo; hoa toana
exclamation (surprise): ia! be!
exclamation (disgust): a! ake! herevana!
exclamation (admiration): sori!
exclude: koua; kokia; rakatania; atoa siri; atoa tabe (C)
excrement: kukuri
excuse: maoro henia; gwaumaoro henia
excuse (an excuse): sori hereva
execute (do): karaia
execute (kill): hamasea; alaia; mauri habodoa
exempt: gwaua tao
exercise (physically): hagoadaia karana; tauanina hagaukaraia; tauanina hagoadaia
exercise (book): tore tore buka
exhale: hahodi
exhaust pipe: kwalahu paipa
exhausted: mase kahirakahira; mokona ia mase; laga tuna; lagana ia pose (C)
exhibit: hedinarai henia; ahedinaraia; aheitalaia
exhort: hagoadaia; goada henia (herevana)
exile: lulua oho tauna; lulua siri
exist: (mauri) noho; mia
expand: habadaia; bada daekau; bada . . . lao
expect: laloa; naria; laroa (C)
expectorate: kanudi
expel: lulua oho; hadokoa; atoa siri
expelled: lulua vadaeni
expended: ore
expensive: davana bada; moni bada
experience: diba bona aonega; manada
expert: diba momo; mai dibana; mai aonega; manada
explain: hereva hedinaraia; hadibaia namonamo
explode: pou; hapoua
export: tano dekena amo siaia lao
expose: ahedinaraia
extend: habadaia; halataia; hadaudaua; duduna ia hedinarai murimuri dekenai
exterior: murimuri kahana
extinguish: habodoa; hamasea
extraordinary: hoa bada gauna
extremely: bada herea; masemase; dikadika
eye: matana
eyebrow: ibuni; matana ataiai huihui
eye glasses: mata galasi
eye lash: mata rauna

F

fable: gori
face: vairana; vaira henia
face paint: vaira penia muramura; umu (C)
fact: momokani; anina momokani
factory: faktori; kohu karaia gabuna; masini rumana

fade (colour): kala ia ore
fade (light): diari ia maragi lao
fade (sound): regena ia maragi lao
faeces: kukuri; tage (C)
fail: kwalimu lasi; karaia lasi; moru; mase
failure: moru; dika; hegeregere lasi
faint (sick): mase bamona; maserea
faint (unclear): sisina; maragi
fair (carnival): sou
fair (colouring): kurokuro bamona
fair (judgement): maoro; hegeregere
fairly: sisina; taina bada
faith: abidadama; kamonai
fall: moru; keto; diho
false, falsehood: koikoi; momokani lasi
fame: sivaraina; harina (C)
familiar: manada; diba
family: famili; bese
famine: aniani lasi negana; hitolo negana; doe (C)
famished: hitolo mase
famous: mai sivaraina; mai ladana; ladana bada; mai harina (C)
fan (cool, cooling device): tapoa; itapo
fan (follower): ura henia bada tauna
fang: dodoma; isena
far: daudau
farewell! bamahuta!
farewell (say goodbye): hamahutaia; hatonia (C)
farm: uma gabuna; ubua gabuna; biru gabuna
farther: daudau herea
fashion (clothes): dabua toana
fashion (make): karaia
fashion (manner): dala; kara
fast (not eating): aniani lasi
fast (quick): haraga
fast (tied, stuck): kwatua auka; kamokamo; kamokau
fasten: kwatua; guia; mataia (C)
fat (meat): digara
fat (person): tauanina bada; boga bada
fate: dokona; davana
father: tamana
father-in-law: ravana; ravana tauna; rava
faucet (tap): tapu; ranu kehoa koua gauna
fault: kerere
fault (crack): maka; pada
fauna: uda manu idauidau
fear: gari
fearless: gari lasi; boga auka (C)
feast: pati; aria; aniani bada
feather: manu huina
feather headdress: kwara herahera; ibara (C)
fee: davana; moni; henitao (C)
feeble: manoka; goada lasi
feed: ubua; aniani henia
feel (handle): daua toho; dogoa tao
feel (sick, well, etc.): mamina abia
feel (think): laloa
fell (cut down): utua; hamorua
fellow: tauna
fellow (worker, etc.): bamona; gaukara tamona tauna; gaukara hebou tauna

female: hahine
fence: magu; ara (C)
ferment: bada daekau; gudu; tubu; bonana dika
ferocious: dagedage; badu momo
fertile: biru tano namo herea
fester: toto; hura (C)
festival: moale negana; gadara badana
fetch: mailaia; abia mai
fetid: bonana dika; bodaga (C)
feud: heatu; heai; heiriheiri (C)
fever: fiva; maleria; keru; heudeheude (C)
few: momo lasi; gadoi (C)
fibre: varo; varovaro
fiction: kiki sibona; sivarai momokani lasi
field: tano ta (mai hetoana); gadara gabuna
fierce: dagedage; badu momo
fight: paisia; heatu; tuari
figure (mathematics): namba; numera (C)
figure (physique): tau anina
figure (mentally): laloa; duahia; hagaua (C)
fill: hahonua
film (photo): laulau gauna; kamera gauna
film (movie): piksa; laulau
filth, filthy: momoru; miro
find: davaria
fine (good, weather, etc.): namo
fine (penalty): paini; kerere davana; kerere ahuna (C)
fine (thin): maragi; severa; severa-severa
finger: ima kwakikwakina
fingernail: ima kwakikwaki koukouna; ima kahauna (C)
fingerprint: ima kwakikwaki laulauna (o maka)
finish, finished: haorea; hadokoa; koua; oro; doko; vadaeni
finish (the end): dokona
fire: lahi
fire (burning): araia noho; gabua
fire (gun): hapoua; paea; pidia
fireman: lahi habodoa tauna
firewood: lahi au; au rakuraku
firm (business): bisinesi
firm (hard): auka
firmament: guba; guba padana
first: guna; ginigunana
fish (animal): gwarume
fisherman: haoda tauna; gwarume abia tauna
fish-hook: kimai
fish-net: reke
fish scales: gwarume kopina; gwarume unana (C)
fish-trap: gwarume abia gauna; gwarume rikiriki (C)
fist: ima lokua
fit (healthy): mauri
fit (suitable): hegeregere
fit (spasm): mase bamona; maserea (C)
fix (attach): pinia tao; kwatua; hakamoa tao; kapaia tao
flabby: auka lasi; manoka
flag: pepe; palaiga
flame: hururu; lahi

flash (light): diari; hadiaria; kedea (C)
flash (lightning): kevaru
flashlight: tosi; kede (C)
flat (even): palaka
flat (dwelling): ruma
flatter: hanamoa koikoi; koia; gamea (C)
flavour: mamina
flea: sei
flee: heau; roho mauri; heau mauri
fleet (shipping): sisima orea; vanagi orea; Neivi
fleet (fast): haraga
flesh: vamu; miti; hidio; idiho
flexible: manoka; dadai; auka lasi
flight (escape): heau
fling: tahoa; negea
float: hure; koke; uto (C)
flog: dadabaia; kwadia
flood: abata; utu-utu
floor: reirei; foloa
flora: ava gaudia; vara gaudia; tubu gaudia
flour: parao; palaoa
flow: heau; aru lao
flower: herahera; palaoapalaoa
fluent: mala maoromaoro; hereva momo
fluid: ranu bamona
flutter: mareremarere; hetapohetapo (C)
fly, flight: roho; roho lao; heau
fly (insect): lao
fly (tent): palai
fly (trousers): piripou sipina; sipa
flying fox (fruit bat): mariboi
foam: hurehure; gwaragwara; hurehure ia kiri
fodder: aniani
foe: inai tauna; tuari tauna
fog: ori ia diho; ninoa (C)
fold: lokua; kumia
follow: murinai raka; murinai lao
folly: kara kavakava
fond (person): lalokau henia
fond (thing): ura; ura henia
food: aniani
fool (stupid person): kavakava tauna; kava mase tauna
fool (behaviour): kavakava karana karaia; gadara kava
fool (trick): koia; tirikia
foot: aena; ae palapalana
football: futbolo; ragibi; soka; osirulu
footpath: raka dala; raka gabuna
footprint: aena maka; ae gabuna
footstep: aena regerege
for (in order to): totona
for (reason): unai dainai
forbid, forbidden: taravatu; gwaua tao; taravatua
force (someone): haduaia; fosia; hagania (C)
force (strength): goada
force open: makohia
ford (river): hanaia; hanaia gabuna
fore part: vairana (kahana)
fore (ship): idama (C)
forefather: tubuna; sene; tubu tama
forehead: bagu

foreign: idau; nao
foreleg (of animal): imana
forenoon: daba kahana
foresee: diba guna; ialoa guna; itaia guna
forest: uda; au momo gabuna
foretell: gwauraia guna; herevalaia guna; gwau guna
forever: hanaihanai; doko lasi
forget: laloboio; laloa boio; helaloboio (C)
forgive: gwaua tao; laloa nege
fork: foka
forked (stick, wood): mai gadana (C)
form (document): pepa; fomu
form (make): karaia
form (seat): helai gauna; helai patana
form (shape): oromana (C)
former, formerly: gunaguna; guna
forsake: rakatania; heautania
fortitude: goada; boga auka (C)
fortnight: pura rua; wiki rua; hebedoma rua (C)
forward (ahead): vairana dekenai
forward (send): siaia lao
foster: ubua; naria
foul (bad): dika
foul (spoil): hadikaia
found (establish): haginia
foundation: badina
fowl (domestic): kokoroku
fowl (bush): kepoka
fox: uda sisia
fragile: manoka; makohi haraga
fragrance, fragrant: bonana namo; mai bonana namo
frail: manoka; goada lasi
framework: au sibona; auri sibona; turia
fraud: koikoi; henao; koikoi tauna
free (loose): kamokau lasi; auka lasi;
free (no price): davana lasi; abia kava
freeze: hakerua; haparakaia (C)
freezer (store): keru rumana; aniani haparakaia ruma
frequently: nega momo; nega hoho
fresh: matamata; bodaga lasi
friend: tura; turana
fright, frighten: gari; hoa; hagaria; hahoaia
fringe: isena
frock: deresi; dabua
frog: paroparo
frolic: gadara
from: dekena-amo; amo
front: vairana (kahana)
frost: aisi
froth: gwaragwara; hurehure
frown: vaira hadikaia; vaira huaia
frozen: aisi bamona; keru bada; keru auka; paraka vadaeni
fruit: au huahua
fry, frypan: paraipania; paraipan dekenai gabua
fuel: siahu havaraia gauna; lahi haaraia gauna
fulfil: hamomokania; hageregerea; hagugurua (C)
full: honu
fun: gadara; hevaseha (C)

funeral: mase guria
funny (amusing, comical): kiri gauna; hevaseha gauna (C)
funny (unusual): idau
fur: huina
furious: badu dikadika; badu maragi lasi; badu bada herea
furniture: ruma kohudia
futile: anina lasi; kavakava; karaia kava
future: vaira negana; gabeai

G

gain: abia; davaria
gale: lai badana; guba (C)
gallant: kara namo; durua kara
galvanized iron: tini; punu
gamble: kasi
gambol: gadara
game: gadara
gangway: nese; raka patana
gaol: dibura ruma
gap: maka; pada
garage: motuka ruma
garbage: momoru
garden: uma; biru (C)
garment: dabua
gash: bero; matu; ivaia
gasoline: bendini
gate: geiti; iduara; ikoukou (C)
gather: hebou; haboua; gogoa
gaze: itaia noho; raraia (C)
gecko: vaboha
generation: uru
generous: harihari bada
gentle: manada; manau (C)
gently: metaira; metairametaira
genuine: momokani; korikori
germ: gorere havaraia gaigai maragi
get (obtain): abia
get married: headava
get off: diho
get out: siri
get ready: karaia hegaegae
get up: toreisi
ghost: mase laulau; lauma; dirava (C)
giant: (tau) bada herea
giddy: maserea; kwara giroagiroa; kwara girogiro (C)
gift: henia gauna; harihari gauna
gigantic: bada herea momokani
ginger: sihoa; agi (C)
girl: kekeni
girl (marriageable): kekeni; hane-ulato (C)
give: henia
glad: moale
glance: itaia haraga; hagerea (C)
glare (look): itaia noho; raraia (C); ahel-aridae (C)
glare (strong light): diari bada
glass (drinking): galasi; inua galasi
glass (mirror): galasi; hevarivari (C)
globe (lamp): golobu
globular: kuborukuboru
glory: hairaina
glow: hururu; diari

glue: kamɔa tao gauna; hakamɔa tao
glutton: aniani momo tauna; aniani dika tauna
gnaw: koria; ania
go: lao
goal (aim): tahua gauna
goal (football): golo
goanna, iguana: ariha
goat (billy, nanny): nani; nanigosi; nanigosi tau (o hahine); nanigosi maruanena (C)
God: Dirava; Iehova
gold: golo
gone: lao vadaeni
gong: gaba
good: namo
Good-bye!: Ba mahuta!
Good-day: Oi namo? Namo?
goods: kohu; gau
gorge, ravine: koupa
Gospel: Sivarai Namona
gossip: kiki
govern: halohiaia; biagua
government: gavamani
gradual: metairametaira
grass: rei
grasshopper: kwadi
grass skirt: rami
grateful: lalona namo; tanikiu
gratis: davana lasi; abia kava
grave (burial): mase gurina
grave (serious): metau
gravel: miri; nadi maragimaragi
graze (feed): rei ania
graze (scrape): kakasia
grease: girisi; digara
great: bada; bada herea
greedy: ura momo; ura dika; ania momo
green (not very dark): gadokagadoka
green (very dark): korema bamona; mia korema (C)
green (unripe): kasiri; karukaru
greet: hanamoa henia
greetings: See 'Good-day, Goodbye, Farewell, etc.'
grenade: bomu maragi
grey (dark): korema bamona; mia korema (C)
grey (light): kurokuro bamona; mia kuro (C)
grey (hair): hui kurokuro; hui buruka
grievance: lalo-hisihisi; lalo-metau
grieve: lalona hahisia; lalo-hisihisi
grind (crush): hamakohia maragimaragi; hamakohia patapata (C)
grind (sharpen): matana karaia; segea (C)
grip: dogoa tao
groan: tai bamona; ganagana (C)
groin: kamika; dagadaga (C)
ground: tano
group: orea; hebou
grove: imea
grow: tubu; daekau; hatubua
grub: gaigai maragi
grudge: badu; ura lasi henia
guard, guardian: naria; naria tauna; gimaia (C)
guava: guava; kuava

guess: gwau toho; gwau kava
guest: vadivadi tauna
guide: hakaua; hadibaia
guitar: gita
gull: davara manu; kanaɒe (C)
gullet: gado baubau
gum (glue): kamoatao gauna
gum (sap of tree): au rarana; tode (C)
gum (tree): gea (C)
gums (mouth): mao (C)
gun: ipidi
gutter: ranu ia heau gabuna; dadaira

H

habit: kara
hack: utua
hail (call): boiboi
hailstorm: medu aisi bamona
hair: huina
half: kahana
halt: gini; hadokoa
ham: boroma
hamlet: hanua maragi
hammer (action): botaia; kokoa (C)
hammer (tool): hama
hamper (hold back): koua; laoa ahu
hand: imana
hand (left): imana laurina
hand (right): imana idibana
handkerchief: muko
handle: auauna; dogoa tao
handmade: imana dekena amo karaia
handsome: vairana ia namo; animase (C)
handwriting: toretore
hang (up): taua dae
hang (oneself): sibona aiona ia taua dae; hemata (C)
hangar: pileini rumana
hanger: taua dae gauna
happen: vara
happy: moale
harbour: sisima noho gabuna; hetu gabuna (C); tabero (C)
hard: auka
hardship: noho dika; mauri auka
harlot: ariara hahine
harm: hadikaia
harsh: dika; auka
harvest: uma gauna abia; huahua haboua; taboro (C)
hasten: karaia haraga; lao haraga
hasty: haraga kava
hat: kwara gauna
hatch (ship): hasi; tua (C)
hatch (eggs): gatoi ia papa
hatchet: ira maragi
hate: badu henia
haughty: hekokoroku
haul: veria
haunted: lauma ia noho
have (possess): abia
haversack: baege
hawk: bogibada
hay: rei kaukau
haze: kwalahu; ninoa (C)

he: ia
head: kwarana
headache: kwara hisihisi
headland: iduka
headman: gunalaia tauna; lohia
headquarters: biagu gabuna; hedikwota
heal, healed: hanamoa; hamauria; hagoevaia; namo; mauri; goeva
healthy: namo; mauri; gorere lasi
heap: haboua; senu (C)
hear: kamonai
heart (the organ): kudouna; rara pamu
heart (affection): bogana
hearth: lahi gabuna; rahurahu (C)
heat: siahu; hasiahua
heathen: Dirava korikori diba lasi tauna
heave (throw): tahoa
heave (vomit): mumuta
heave up: abia isi
heaven, sky: guba
Heaven: Dirava Ena Gabuna
heavy: metau
hedge: magu; ara (C)
heel: aena geduna
height: latana
heir: gabuna abia tauna; mase neganai kohu abia tauna
Hell: diabolo ena gabu; gabu dikana
hello!: Oi namo?
helm: sisima taria gauna
helmet: kwara gauna aukana
help: durua
hem: dabua isena haloua
hemmed in: dala lasi; koua
hen: kokoroku hahine
her, hers: ia ena; iena
herb: aniani au-rau
here: iniseniai
hero: kwalimu tauna namona
hesitate: daradara
hew: utua
hiccough: gado boiboi; boga regerege
hide (oneself): komu
hide (things): hunia
hide (skin): kopina
high: atai herea; lata herea
highway: dala badana
hike: loaloa
hill: ororo
him: ia
himself: ia sibona
hinder: koua; laoa ahu
hinge: hinisi
hips, buttocks: kunu; koekoe (C)
hire: hoia; hoihoi; iusilaia davana
his: ena; iena
hiss: si
history: kiki; sivarai; sisiga (C)
hit: botaia; bampa
hive: hanibi rumana
hoard: haboua dogoa tao
hoarse: gado hisihisi
hoe: tano geia; tano hamakohia; tano taraia (C)
hog: boroma
hoist: abia dae; veria dae

hold (back): dogoa tao; sibona dogoa tao
hold (have): abia
hold (ship): sisima ena kohu udaia gabuna
hole (cloth): matu
hole (ground): guri
holiday: laga ani dinana
hollow (empty): anina lasi
hollow (in ground): guri maragi
hollow out: geia; taraia
holy: helaga
home: noho gabuna
homesick: hanua laloa bada
hone, sharpen: matana karaia; segea (C)
honesty: kara maoromaoro
honey: hani
honour: hemataurai; matauraia
hoof: aena
hook, fish-hook: kimai
hop: roho
hope: ura; ura henia
horn (animal): doana
horn (shell instrument): kibi
hornbill: boboro
hornet: nanigo
horrified: hoa mai gari
horse: hosi
hose: raba housi
hospital: gorere rumana
host (people, things): momo herea; hutuma
host, hostess: vadivadi naria tauna hahinena
hot: siahu
hotel: hotele; ba
hound: sisia badana
hour: hora
house: ruma
how? edena bamona? edeheto? (C)
how many? how much? hida?
how often? nega hida?
however: to
howl: taitai; lolo
hug: rosia
huge: bada herea
Huh? A? Dahaka?
hum: uduna regerege ane bamona
human: taunimanima; taunimanima ena
humble: hekokoroku lasi; manau (C)
humiliate: hahemaraia
humorous: kiri gauna
hump: gudu
hunger, hungry: hitolo
hunt (animals): labana; ahealaia
hunt (seek): tahua
hurl: tahoa
hurricane: lai bada momokani
hurry: lao haraga; mai haraga; gava (C)
hurt: bero; hisihisi; haberoa; hahisia
husband: adavana (tau)
hush: regena lasi; hereva lasi
husk (coconut): bunu
husk (corn): (koni) kopina
hut: ruma maragina; kalaga (C)
hymn: guriguri ane
hypocrisy, hypocrite: koikoi; hereva koikoi; hereva koikoi tauna

I

I: lau
ice: aisi
idea: laloa; lalohadai (C)
identical: hegeregere momokani
idiot: kavakava tauna
idle: noho kava
if: bema
ignite: araia; gabua
ignorant: diba lasi; aonega lasi
ignore: itaia lasi; kamonai lasi; laloa lasi
iguana, goanna: ariha
ill: gorere
illegal: taravatu makohia; taravatu ia noho
illegitimate (child): ariara natuna
illegitimate (wrong): taravatu makohia; taravatu ia noho
illiterate: buka duahia diba lasi
illuminate: hadiaria
image: laulau
imagine: laloa
imitate: tohotohoa
immature: karukaru
immediately: harihari
immense: bada herea
immerse: ranu lalonai atoa
immorality: kara dika
immortal: mase diba lasi; mauri hanaihanai
immovable, immobile: marere lasi
impale: gwadaia
impatient: ura lasi naria; naria diba lasi
impede: dala koua
imperfect: namo momokani lasi
implore: noinoi
important: (gau) bada herea; (tau) bada herea
impossible: dala lasi
imprison: dibura ruma dekenai atoa
improve: namo havaraia; namo habadaia
impudent: hematauraia lasi
impure: dika; miro
in, inside: lalonai
in front of: vairanai
incense: bonana namo muramura
incensed: badu
incise: ivaia
incite: tau ta hereva henia, kerere ia havaraia totona
incorrect: kerere
increase: habadaia
Indeed! momokani!
indicate: hedinaraia
indifferent: laloa lasi
indignant: badu
individual: ta ta
indoors: ruma lalonai
industrious: gaukara goada
inedible: ania diba lasi (gauna)
inefficient: gaukara namonamo lasi
inexperienced: gaukara diba lasi
infant: natuna maragi; natuna matamata
infectious (disease): rohohanai (gorere); daihanai (C)
infinite: hanaihanai
inflamed: gudu
influence: lalona ania
influenza: kuru
inform: hamaoroa; hadibaia
inhabit: noholaia
inhabitant: tano noholaia tauna
inhale: hahodi; laga
iniquity: kara dika bada
inject, injection: kodoa
injure: haberoa
injustice: kara maoro lasi; kara namo lasi
inland: gunika
innards: bogarau
innocent: kerere lasi; diba lasi
inquire: henanadaia
insane: kavakava; kava
insect: manumanu
insecure (not locked properly): auka lasi
insecurity: gari sisina
insert: lalonai atoa; toia vareai (C)
inside: lalonai
inside out: lalona ia mai murimuri kahanai
insight: lalo parara
insist: hereva goada
insolent: dagedage
inspect, inspection: itaia
instantly: harihari
instep: ae palapala (C)
instigate, initiate: hamatamaia
institute (establish): haginia; hamatamaia
instruct: hadibaia
instrument (music): miusiki gauna; rege namo gauna
insubordinate: gwau edeede
insufficient: hegeregere lasi
insult: hereva dika
intelligent: aonega; diba momo
intend: ura
intent: itaia namonamo
inter (bury): guria
intercede: noinoi henia
intercourse (sexual): gagaia
intercourse (verbal): hereva
interior: lalona
interpret: gado hanaia
interrogate: henanadaia
intestines: bogarau
intimidate: hagaria
interrupt (action): koua
interrupt (speech): utua
into: lalonai
introduce (person): ahedavari
introduce (start): hamatamaia
introduction (book): kehoa hereva; matamaia hereva
invalid (not valid): siahu lasi
invalid (sick person): gorere tauna
invent: karaia; hamatamaia
invert: giroa
investigate: henanadaia; badina tahua
invite: boiria
irate: badu
iron (metal): auri
iron (press): hamanadaia; aeania
irritable: badu kava
irritate: lalona habadua; lalona hadikaia

is: be; na (These are not exact equivalents. Motu has no verb 'to be').
island: motumotu
it (subject): ia
it (object): ia; -a
itch: hemaihemai
item: gau ta
its (possessive): ena; iena
itself: ia sibona

J

jab: gwadaia; kodoa
jabber: hereva momo; udu mauri
jack: diage
jacket: kouti
jail: dibura ruma; dibura
jam (stick): hekamo
jam (sweet): diami
jar (bump): botaia
jar (container): kavabu; botolo
jaw: aukina
jealous: mama
jeer: kirikirilaia; hevasehalaia
jelly: dieli
jellyfish: aponu (C)
jerk: veria haraga
jersey: diesi; diampa
jest, joke: hevaseha; gadara
Jesus: Iesu
jet (black): korema momokani
jet (plane): dieti pileini
jetty: bouti kamokau gabuna; uopu maragina
Jew: Iuda tauna
jew's harp: hiriria gauna; bibo (C)
jib: sipi
job: gaukara
join (together): haboua tamona
join (accompany): heboua; bamoa
joint: sikuru gabuna; garugaru (C)
joke: hevaseha; gadara
jostle: bibia; biria (C)
journey: laolao; loaloa
joy: moale
judge (legal): kota biaguna; diadi; hahemaoro tauna (C)
judge (a case): kerere tahua
jug: diage
juice: ranu
jump: roho
jump (into water): paudobi (C)
jumper, jersey: diesi; diampa
jungle: uda
just (about): kahirakahira
just (only): sibona
just (fair): maoromaoro
justice: hamaoromaoroa karana
justify: hamaoromaoro
jutting (point of land): iduka

K

kangaroo: magani
keen (eager): ura bada
keen (sharp): mai matana; mai ganona (C)
keep: dogoa tao; naria; gimaia (C); henia lasi
keep away from: daudau noho
keg: maua, daramu
kernel: anina korikori
kerosine: keresini
kettle: kedolo; ranu hasiahu gauna
key: ki
kick: aena dekena amo botaia
kid (animal): nanigosi maragi
kid (child): mero maragi
kid (trick): koia
kidney: nadinadi
kill: alaia; hamasea
kin, kindred, kinsman: varavara
kind (good, helpful): bogahisi; hebogahisi; durua
kind (type, sort): toana
kinds (many): gau idauidau (momo)
kindle: lahi karaia; lahi haraia (C)
king: lohiabada
kingdom: lohiabada ena tano bona ena taunimanima; basileia
kingfisher: turua
kiss: harahua
kitchen: aniani nadua gabuna
kitten: pusikasi maragi
knapsack: kohu udaia puse
knead: kuia; girogiroa
knee: tuina; sikuru gabuna
kneel: tuina hadaia
knife: kaia; ilapa
knit: turia; turituri
knock: botaia; pidipidi
knot: kwatua
know: diba
knowledge: diba; aonega
knuckle: ima kwakikwaki sikuru gabuna; ima garugaru (C)

L

label: maka; ladana maka; toa; maka atoa
labour: gaukara
labourer: gaukara tauna
lace (shoe): tamaka varo
lack: hageregere lasi; dabu (C)
lad: mero
ladder: vadavada
ladle: kadoa; kadoa gauna; sipunu badana
lady: hahine; kekeni badana
lagoon, lake: gohu
lamb: mamoe natuna
lame: ae dika; ae hedairike (C)
lament: tai; taitai
lamp: lamepa
lance: gwadaia; ivaia
land: tano
land (plane): diho; helai
land (from plane or ship): ginidae; diho
landslide: tano moru
language: gado; hereva
lantern: lamepa
lap (a person's): mamu; tui
lap (drink): inua
lard: digara

large: bada
larynx: gado baubau
lash (tie): kwatua; mataia (C)
lash (whip): kwadia; dadabaia; botaia
lass, lassie: kekeni
last (final): dokona; orena; gabena (C)
last (most recent): gabe gauna; vanegai
last (endure): noho
last night: varani hanuaboi; boi hanuaboi (C)
late (dead): mase
late (time): leiti; haraga lasi
later: gabeai; gabeamo; murinai
latrine: mei ruma; murimuri ruma; ruma maragi
laugh: kiri
laugh at: kirikirilaia
laundry: dabua huria gabuna
lavatory: mei ruma; murimuri ruma; ruma maragi
law: taravatu
lax: lahedo
laxative: boga muramura
lay: atoa diho
lazy: lahedo
lead (animal's): varo
lead (metal): ledi
lead (astray): hakaua (kerere)
lead (go in front): hakaua; gunalaia
leader: hakaua tauna; gunalaia tauna
leaf (book): rau
leaf (tree): au rauna
leak: matu; matu dekenai ranu ia diho
lean (thin): tauanina lasi; digara lasi; varodavaroda (C)
lean (against): tabekau (C)
leap: roho
learn: diba tahua
learned: diba momo; aonega
least: maragi herea momokani
leather: boromakau kopina
leave (go away from): rakatania; heautania
leave (holiday): livi; sipele; laga-ani (C)
leave (permission): maoro henia; gwau maoro (C)
leech: gaigai-gaigai; rara topoa gauna; doma (C)
left-hand: ima laurina
leg: aena
legal: taravatu henunai
legend: gori
legislate: taravatu karaia
leisure: laga-ani
leisurely: metairametaira
lemon: siporo; nao siporo
lend: henia torehai
length: lata
lengthen: halataia
leper: lepera tauna
leprosy: lepera gorere
less: sisina maragi
lessen: hamaragia
lesson: leseni
lest (for fear that...): garina (at end of phrase)
let (allow): maoro henia

lethal: mase gauna
lethargic, lethargy: lahedo
letter: revareva; leta
lettuce: kabisi; aniani avana ta
level (straight): maoromaoro; diho dae lasi
level (tool): levolo
level (on the level - slang): momokani; maoro
liaison: gaukara hebou
liar: koikoi tauna
liberal: harihari bada
liberate: ruhaia
liberty: guia lasi
library: buka rumana
lice: utu
licence, licentious (conduct): lebulebu
licence, license (permit): laiseni; maoro henia pepa; maoro henia
lick: mala dekenai dahua; malana dekenai ania; demaria (C)
lid: koua gauna
lie (untruth): koikoi
lie (down): hekure
life: mauri
lift (raise): abia isi
lift (vehicle): diho dae gauna; lifi
light (illumination): diari
light (not heavy): metau lasi; haraga
light (fire, lamp, cigar): ha'araia; lahi karaia; lamepa gabua kuku gabua
light bulb: golobu
lightning: kevaru
like (similar): bamona
like (want): ura
limb (of body): imana; aena
limb (of tree): rigina
lime (fruit): siporo
lime (powder): ahu
limit: maka
limit (restrict): maka atoa; maka karaia
limp (soft): manoka-manoka
limp (walking): aena dika; raka dika
line (rope): varo
line (row, line-up): laini; ere (C)
lip: udu bibina
liquid: ranu bamona gauna
list: lisi
listen: kamonai; hakala (C)
literate: buka duahia diba
litter (bed): gorere huaia gauna
litter (rubbish): momoru
little (quantity): sisina
little (size): maragi
live, alive: mauri
live (dwell): noho
liver: asena
lizard: ariha; vaboha; variga
load (cargo): kago; kohu
load (to load cargo): udaia; kohu atoa
loaf (bread): paraoa; beredi
loaf (idle): noho kava; lahedo noho
loan: henia torehai
loathe: ura lasi momokani
lobster: ura
locate: davaria
lock: loka; lokaia

locust: kwadi
log: au; au tuana (C)
loincloth: rami; dabua
loins: mamuna; koekoena (C)
loiter: loa kava
lolly: loli; lole
lone, lonely: sibona; bamona lasi
long, length: lata
long ago: idau negai
long for: ura dikadika
long time: nega daudau
long way: daudau
look: itaia
look after: naria
look for: tahua
look out!: Siri! hei! naria!
look up: roha isi; roha dae
look into (inquire about): henanadailaia
looking glass: galasi; varivari (C)
loose: kwatua lasi; manoka; dadai (C)
loosen: hamanokaia; ruhaia
lop: utua
loquacious: hereva momo; udu mauri (C)
Lord: Lohiabada
lorry: taraka; motuka badana; lori
lose: haboioa
lost: boio
lot: momo
loud (noise, talk): regena bada; hereva badabada
louse: utu
lousy (having lice): utu momo
lousy (no good, mean): namo lasi; dika herea; hegeregere lasi momokani; hebogahisi lasi
love: ura henia; lalokau; lalokau henia
low: henuai
low tide: davara ia maragi; davara ia kui (C); komada (C)
lower (let down, set down): hadihoa
lower jaw: aukina
luggage: kohu
lukewarm: siahu sisina
lump: gudu; mane (C)
lunatic: kava tauna; kavakava
lunch: dina tubua aniani
lung: hahodi gauna; baragi (C)
lure: koia

M

machete: kaia badana; ilapa (C)
machine: masini
mad: kava; kavakava
magazine: niuspepa
maggot: gaigai maragi
magic, sorcery: puripuri; mea (C)
magnify: habadaia
maiden: kekeni
mail: revareva; leta
maim: haberoa
main: anina bada
mainland: tanobada
maize: koni
make: karaia

make (cause to be): ha- (e.g. haberoa habadua, etc.)
make fun of: kirikirilaia; hevasehalaia (C)
make public: hereva hedinaraia
male: tau; maruane (C)
man: tau
manager: biaguna; bosi tauna
mango: vaivai
mangrove: gavera (C)
manifest (show): hedinaraia
manifest (ship's): sisima ena kohu pepa
manioc: maniota; tapioka; nao rabia (C)
mankind: taunimanima
manner: dala; kara
manufacture: karaia
manure: kukuri; tagena (C)
many: momo
map: mapu; palani

mar: hadikaia
mare: hosi hahine
march (parade): masi
margin: isena
mark: toana; toana karaia
market: hoihoi gabuna
marriage: headava
marry (officiate): aheadavaia (C)
marsh: kopukopu gabuna; paripari gabuna
marvel: hoa
mash: hamakohia; hapataia
mask: vairana koua gauna; kaivakuku (C)
massage: dahua
mast: autubua
master: biaguna
mat: geda
match (for fire): masisi

match (equal to): hegeregere
match (game): gadara
mate: noho hebou; adavaia
mate (friend): turana; bamona
material (building, etc.): gaukara gaudia
material (cloth): dabua
matrimony: headava
matter (it doesn't. .): vadaeni! herevana! (C)
mature (people): tubu vadaeni
mature (ripe): mage
maybe: sedira
me: lau; -gu
meal: aniani
mean (not generous): hebogahisi lasi
meaning: anina
measure: ahetohoa
measure (ruler, etc.): ahetoho gauna
measure (tape): ahetoho varona
meat: vamu
mechanic: mekaniki
mediator: maino karaia tauna
medicine: muramura
meek: lalona manada; manau (C)
meet: davaria; hedavari
meeting: hebou
melody: ane regena; tiuni
melt: veve
member (of a group): orea tauna
mend: karaia lou; hanamoa; bania (C)

menstruation: hahine ena hua gorere; hua gorere
mention: gwauraia
merchant: hoihoi tauna
mercy, merciful: hebogahisi
merely: sibona; mo
merry: moale
mess (eating room): aniani ruma
mess (untidy): goeva lasi; miro; gau ia gigia rohoroho
message: sivarai; kiki; harina (C)
messenger: hesiai tauna
metal: auri bamona
method: dala; kara dalana
metho, methylated spirit: sipiriti
midday: dina tubu
middle: huana; ihuana; bogaragina (C)
midnight: hanuaboi momokani; malokihi (C)
might (may): sedira
might (strength): goada
mild: manada; mamina goada lasi
milk: rata; milika
milk (coconut): karu ranuna
milk (take from cow or goat): rata gigia
mimic: tohotohoa (C)
mind (thought): lalona
mind (care for): naria; itaia
mine (belonging to me): lauegu
mine (copper, gold, etc.): maina; guri
minute (time): miniti
minute (just a...): dohore; nega sisina
minute (very small): maragimaragi
miracle: hoa karana; hoa gauna
mirror: galasi; heduari galasi; hevarivari (C)
misbehave: kara kerere; kara dika
miscarry: mara dika
mischief: kara dika; kara kavakava
miserable: lalohisihisi
mislead: koia
miss (fail to hit): reaia
miss (girl): kekeni
miss (need): laloa
missing (lost): noho lasi; boio
missionary: haroro tauna; misinari; misi
mission (station): haroro tauna ena gabu
mist: ninoa (C)
mistake: kerere
mix: giroa; mikisi; buloa (C)
moan: tai bamona; ganagana (C)
mock: kirikirilaia
moist: sisina paripari
moisten: hapariparia
molest: dagedage henia
money: moni
monsoon (northwest): lahara
month: hua
moon: hua
moonlight: hua diarina; hua rara (C)
moor (tie up): kwatua
more: ma haida; sisina momo
morning: daba
mosquito: namo; nemo
mosquito net: tainamo
moth: kaubebe
mother: sinana
mother-in-law: ravana hahine
motor: indini; mota
motorcar: motuka
mount (climb): dae kau
mountain: ororo
mourn: taitai
mouse: bita maragi
mouth: uduna
move (oneself): marere
move (something): hamarerea
move away!: siri!
mow: utua
much: momo
mud: kopukopu
mug: kapusi
multiply: habadaia
multitude: momo; hutuma (C)
mumble: maumau
murder: alaia mase
murmur: maumau
muscle: varovaro
music: miusika; miusiki
mute: hereva diba lasi; mu (C)
mutilate: tau anina hadikaia
mutter: maumau
mutton: vamu (mamoe)
my: egu; lauegu
myself: lau sibogu; lau sibona
mystery: hunia gauna
myth: gori; sivarai gunana

N

nag: gwaugwau; hereva momo
nail (steel, to hammer): ikoko; kokoa
nail (finger): koukouna; kahauna (C)
naked: kopina kavakava
name: ladana; ladana henia
nanny (goat): nani
napkin: natuna maragi ena sihi; napi
narrate: sivarai hamaoroa
narrow: hekahi (C)
nasty: dika
nation: gavamani tamona naria orea
native (indigenous): gabu ena; gabu dekenai vara
native (person): tano tauna korikori
naughty: kavakava; lebulebu (C)
nausea: mumuta ena mamina
navel: hudo (C)
navy: tuari sisimadia
near, nearly: kahirakahira
neat: goeva; namo
neck: aiona
necklace: ageva
needle: nila
needy: ogogami
neglect: naria lasi; naria namonamo lasi
neighbour: dekena tauna
nephew: tadikakana o taihuna ena natuna tau
nerve: tauanina varovaro
nervous: gari
nest (bird, spider): ruma
nest (lay eggs): gatoi atoa; gatoi naria
net (fish): reke

net (bag): kiapa
never: nega ta lasi
never mind!: laloa lasi! vadaeni!
new: matamata
news: sivarai matamata; niusi
newspaper: niusipepa
next (one): murinai
next (to): badibadinai
next week: pura vairai
nibble: metairametaira ania
nice: namo
nick (cut): utua sisina; ivaia sisina
niece: tadikakana o taihuna ena natuna kekeni
night: hanuaboi
nightly: hanuaboi ta ta ibounai
nil: ta lasi; gau lasi
nimble: haraga
nip: koria sisina
nipple: rata matana
nit: utu ena gatoi
no: lasi
noble: kara namo herea
nobody: tau ta lasi
nobody (unimportant person): dagi maragi tauna
nod: kwarana diho dae; lado (C)
noise: regena; regerege
nomad: noho loa tauna
none: ta lasi; gau lasi
nominate, nomination: ladana hatoa; ladana henia; duanaia (C)
nonsense: kavakava
noon: dina tubua
noose: kwatua dala ta
nor: eiava; o
north, northerly: mirigini
northwest: lahara
nose: udu baubau
nostril: udu baubau matuna
not: lasi
notable: gau badana; tau badana
notch: maka; toa
note (letter): revareva; leta
note (music): miusika toana; miusiki toana
note (money): pepa moni
note (take): itaia namonamo; torea
nothing: gau ta lasi; 'herevana'
notice (board, paper): notisibodi; pepa
notice (see): itaia
notice (take): itaia namonamo; kamonai namonamo
nought: toana lasi; note
novel (book): sivarai buka
novel (new): matamata
now: harihari; hari
nowadays: inai nega
nowhere: gabu ta lasi
nude: kopina kavakava
nuisance: hambaga; habadua kara
numb: mase bamona; mahuta bamona; tamoru (C)
number: naba; namba; numera
number (count): duahia; hagaua (C)
numerous: momo herea
nun: sisita (dubu ena)

nurse: sisita
nurse (look after): naria; rata henia
nursery (children): beibi naria gabuna
nursery (plants): uhena hadoa gabuna
nut (fruit): au huahua auka; niuniu (C)
nut (with bolt): nati

O

oar: bara
oath: gwauhamata hereva
obedience: kamonai henia kara
obey: kamonai henia
object (oppose): ura lasi
object (thing): gau
obligation: maduna
oblige: durua; maduna henia; metau henia
obscene: lalona miro gauna
observe: itaia
obsolete: gau gunana
obstacle: dalana koua gauna
obstinate: lalona auka
obstruct: dala koua; kara koua
obtain: abia
obvious: hedinarai; kihia
occasion: nega
occasional, occasionally: nega haida; nega ta ta
occupant: lalonai ia noho tauna
occupation: gaukara
occupy: noho; noholaia
occur: vara
ocean: davara; gadobada (C)
octopus: urita
odd (strange): idau
odour: bonana
of: dekenai
off: oho (after verb)
offence: kerere; kara dika
offend: habadua
offensive: habadua kara (o gauna)
offer: henia
offering (church): boubou
office: opesi
officer: opesa
official (person): dagi tauna
official (statement): hereva anina momokani
offspring: natuna
often: nega momo
oil: oela; oela atoa; oelaia
ointment: girisi muramura
old (age): buruka
old (not new): gunana
omit: misia
on (top of): latanai
on (at the top): dorinai
once: nega tamona; nega ta
one: ta
onion: oniani
only: sibona; mo
open: kehoa
opening: matu
openly: hedinarai
opinion: laloa
opossum, possum: vaura maragina; dire-dire (C)

opponent: vaira henia tauna
opportunity: dala
opposite: vaira henia
or: o; eiava
orange (fruit): orenisi
orange (colour): laboralabora bamona
order (command): hereva goada; oda; hagania (C)
order (put in order): atoa namonamo
order (stores, materials): odaia
orderly (behaviour): kara maoromaoro
orderly (medical): doketa maragina
ordinary: kavakava; gau ta lasi; idau lasi
origin: badina; matamana (C)
originate: havaraia
ornament (decoration): herahera
ornament (decorate): haheraia; herahera atoa
orphan: tamana bona sinana lasi
other, others: ma ta; ma haida; ta; idau
our (incl.): eda
our (excl.): emai
ours (incl.): iseda; ita eda
ours (excl.): ai emai
out, out of: dekena amo
out of (none left): ia ore
outcast: dadaraia tauna
outdoors: murimuriai
outer: murinai
outhouse: sedi maragi
outing: loaloa
outrigger: darima
outside (exterior): murimuri; murimuri kahana
oval (shape): kuboru bamona
oval (sports): gadara gabuna
over (above, overhead): atai ai
over (finished): ore
overcast: dina itaia lasi
overcome (win at something): hadarerea; kwalimu (C)
overcome (to be): manoka
overflow: bubua
overgrown: bubuni (C)
overpower: hadarerea; kwalimu (C)
overseer: gaukara biaguna; bosi tauna
overturn: bubua
owe: abitorehai
owl: baimumu
owner: biaguna
oyster: bisisi; siro (C)

P

pack, pack up: udaia; haboua namonamo
package: ikumi
pact: gwauhamata
pad (for sore, wound): koua gauna
pad (writing): revareva torea pepa
paddle (oar): bara maragina; hode (C)
paddle (row): baraia; kaloa (C)
pagan: Dirava Korikori diba lasi tauna
page: buka rauna
pain: hisihisi
paint: peni; umu (C); penia; umua (C)
pair: ruaosi
pale: kurokuro bamona

palm (tree): niu o buatau bamona auna
palm (hand): ima lalona
pandanus: geregere
pant (breath): laga tuna (C)
pants: piripou
paper: pepa
parable: parabole; sivarai hegeregere
parachute: tamaru badana; parasudi; damaru (C)
paradise: paradiso; gabu namo herea
paradise (bird of): logohu
paralysed: marere diba lasi; pada (C)
parcel: ikumi
parents: tama sina
park (recreation): laga ani gabuna; loaloa gabuna
park (vehicle): motuka atoa gabuna
parrot: kiroki
part (piece): kahana
part, apart: rakatania; parara
partially: kahana sibona
participate: karaia hebou
partition: daiutu
partner: bamona; turana
pass (by): hanaia
pass (give): henia
pass (permit): hereva maoro pepa; gwau maoro pepa (C)
passion (love): ura henia dikadika
passion (temper): badu; siahu
past: nega gunana; idau negai
past tense marker: vadaeni
pat: pataia
patch: bania
path: dala
patient (hospital): gorere tauna
patient (resigned): aheauka
pattern (design): revareva
pattern (plan): palani
pavement (footpath): ae raka gabuna
paw (animal): imana; aena
pawpaw: loku; nita
pay, payment: davana; pei
pea: pi; bini
peace: maino
peak: ororo dorina
peal: gaba regena
peanut: pinati
pearl: ageva; kavabukavabu (C)
pearlshell: mairi
pebble: nadinadi
peculiar: idau
pedal (propel): lahaia
peel (skin; take off skin): kopina; kopaia
peep: itaia; igo vareai
peer: itaia namonamo; raraia (C)
peg: pegi
pencil: pensolo
peninsula: iduka; poini
penis: usina
pennant: pepe; palaiga
people: taunimanima
pepper: pepa; kare; ura hekini
perceive: itaia; dibaia
perfect: namo herea momokani; goeva dae (C)

perforate: matu karaia
perform: karaia
perfume: bonana namo muramura
perhaps: sedira
period: nega
perish: mase; dika
permanent, permanently: hanaihanai
permit: maoro henia; maoro henia pepana
persecute: dagedage henia
person: tau ta; hahine ta
personal: sibona ena
personnel: gaukara taudia
perspire: kopina siahu ia diho; kopina ranu ia diho; varahu ia diho (C)
pet: ubua gauna
pet (to): darodaroa
petrol: bendini
pew: helai gauna (dubu)
photo, photograph: laulau; piksa; poto
physician: doketa
pick (fruit): kokia
pick (tool): piki
pick up: abia isi
pick (choose): abia hidi
picture: piksa
pidgin (language): Pisini gado; Niugini gado
piece: sisina; taina
pier (wharf): sisima kamokau gabu; uopu
pier (post): du
pierce: gwadaia
pig: boroma
pigeon: pune
pile, pillar: du
pile (heap): haboua; senua (C); haboua gaudia
pillow: pilo; ikwina (C)
pilot: tari tauna; kapena
pimple: toto maragi; husihusi (C)
pin, pin up: pine; pineakau; kapaia
pinch (nip): kinia
pinch (steal): henaoa; dadia
pineapple: painapu
pink: sisina kakakaka
pip, seed: au huahua nadinadina; uhena
pipe: paipa
pipe (bamboo): baubau
pistol: ipidi maragina
pit: guri
pitch (bitumen): pisi; kolota
pitch (throw): tahoa; negea
pity: hebogahisi; bogahisihisi
place (put): atoa
place (site): gabu
plain (clear): hedinarai
plain (flat land): palaka gabuna; taora (C); ororo lasi
plain (ugly): hairai lasi
plait: turia; hatua (C)
plane (aircraft): peleini; palaimasini
plane (tool): peleini
plank: reirei
plant: hadoa; hadoahadoa gauna; tubua gauna
plantation: plenteisini
plate: peleiti; mereki
platform: pata

play: gadara
playing cards: kasi
plead: noia; noinoi
please (if you please): mani emu kara; mani; emu kara
please (make happy): hamoalea
plenty: momo
pliable: manoka
pliers: palaiasi
plough: tano hamakohia; tano geia; tano ruaia (C)
plumage: manu huina
plunder: kohu dadia
plunge (dive): paudobi
plunge (immerse): burua (C)
plural: rua o haida
plural ending: -dia
p.m.: dina tubua murinai nega; adorahi kahana; hanuaboi
pocket: poketi; pokede
point (indicate): dudui henia; poinia; duanaia (C)
point something: duduia; poinia
point (land): iduka; poini
point (pencil): matana
point (of a story): anina
poison: muramura; poisini
poke: kodokodoa
pole (canoe): aivara
police: polisi; pulisi
polish (shoe): supolisi
polish (shine): hadiaria; hagoevaia; hahururua (C)
polite: hemataurai
pollute, pollution: hamiroa; hadikaia
pond: gohu maragi
ponder: laloa
poor (not much good): namo momokani lasi
poor (not rich): kohu lasi; ogogami (C)
poor (unfortunate): madi
popular: taunimanima idia ura henia
porch: vareai gabuna; dehe
pork: boroma vamuna
porpoise: kidurui (C)
port: sisima vareai gabuna
port side: lauri kahana; enoeno kahana (C)
portion: kahana; ahuna
possess: biagua; mai ena
possibly: sedira
post (aid post): eidiposi; muramura gabuna
post (mail): leta udaia
post (wooden): du
postpone: gabeai karaia
pot (cooking): uro
pot (water): hodu
potato (English): poteto; nao kaema; mose
potato (sweet): kaema
poultry: kokoroku
pound: botaia; gwadaia
pour: bubua; seia
powder: pauda
power (electric): paoa
power (strength): siahu; goada
powerful: siahu momo; goada momo
practice: kara dala
practise: sikulilaia; tereini

praise: hanamoa; imodaia (C)
prattle: hereva kava
prawn: pai
pray, prayer: guriguri
preach: haroro
preach about: harorolaia
precede: gunalaia
precious: davana bada herea
precise: momokani; hegeregere
predict: gwauraia guna; guna gwauraia
pregnant: rogorogo; mai bogana
prepare: karaia hegaegae
present (gift): harihari gauna
present (give): henia
present (attending): noho; hedinarai
present (time): harihari
presently (now): harihari
presently (soon): dohore; nega sisina
preserve: naria namonamo
press (down): moia; taoa (C)
press (iron): hamanadaia; aeania
pressure (force): metau; goada
prestige: ladana bada; mai ladana
pretend: koikoi
pretty: mai hairaina; herea
prevent: koua; laoa ahu (C)
previous: guna
price: davana; moni; pei
prick: kodoa; gwadaia
pride: hekokoroku; heagi
priest: ahelagaia tauna; fada
principal: badana; biaguna
principle: kara ena anina
print (photo): foto; laulau; piksa
print (printing): toretore; torea
print (foot): aena gabuna
prior: guna
priority: karaia guna gauna; gau badana
prise: kehoa
prison: dibura ruma; dibura
prisoner: dibura tauna; dibura
private: hunia
private (army rank): praivete
prize: kwalimu ahuna
probably: sedira; reana (C)
process: karaia; karaia hegaegae
proficient: diba momo; aonega momo
prohibit: taravatu; koua; gwaua tao (C)
prolific: momo
promise: gwauhamata; gwauhamata henia
prompt, promptly (quickly): haraga; haragaharaga
prompt (help to remember): hadibaia; durua
pronounce: gwauraia
prop up: haginia
propagate: havaraia
propellor: papala
proper: korikori; maoromaoro; momokani
property: kohu; gau
prophet: peroveta tauna
propose: gwauraia; gwauraia toho
prostitute: ariara hahine
protect: naria; koua; gimaia
proud: hekokoroku; heagi
prove: hamomokania

provocation, provoke: habadua gauna; habadua
prowl: vareai kava; loa kava; haigo (C)
proximity: kahirakahira; daudau lasi
prudent: mai lalona; aonega; lalo parara (C)
public: hedinarai; taunimanima iboudiai edia
puddle: gohugohu
puff: laga tuna; hiriria
pull: veria
pump: pamu; pamua
pumpkin: mausini
punch: paisia; botaia
puncture: matuna; matuna karaia
punish: kerere davana henia
pup, puppy: sisia maragi
purchase: hoia
pure: goeva; goevagoeva; goeva dae (C)
purposely: laloa dainai karaia
purse: paosi
pursue: lulua; lulua lao
pus: hura (C)
push: doria
pussy: pusi; pusikasi
put: atoa
put into: adaia
put out (extinguish): habodoa
pyjamas: mahuta dabua; mahuta piripou
python: gaigai badana; lavara (C)

Q

quake: marere; heudeheude (C)
quality: gau ena namo
quantity: gau ena momo
quarantine: gorere taravatu
quarrel: heai
quarters (living): ruma
quarters (of orange, etc.): kaha
queen: kuini; lohia hahinena
queer: idau
question: henanadai; henanadaia
quick: haraga; haragaharaga
quiet: rege lasi
quit: rakatania
quiver (tremble): heudeheude

R

race (contest): gadara helulu
race (people): bese
rack (storage): gau haboua gabuna
radio: reidio
raft: au kwatua vanagi bamona; tupe (C); keri (C); era (C)
rafter: toidae (C)
rag: dabuadabua; dabua seana (C)
rage: badu maragi lasi; badu bada herea
ragged: hedarehedare; hedare patapata (C)
rain: medu
rainbow: kevau
raise: abia isi; hatorea isi
rake: reiki
rally: hebou
ram (bump): bamepa

ram (sheep): mamoe tau
ransom: davana
rap: pidipidi; botaia; pataia (C)
rape: hahine rosia kava
rapid: haragaharaga
rare: momo lasi
rascal: kara kava tauna; rasekolo
rash (skin): toto maragimaragi; rari (C)
rash (unthinking): karaia laloa lasi
rat: bita
ratify: hamomokania
ration: aniani; aniani henia; haria
rattan: oro
rattle: udeudea; udeudea gauna; tareko (C)
ravine: koupa dobuna
raw: kasiri
ray (light): diari
ray (stingray): dadami
raze: hamakohia momokani
razor: reisa
reach (arrive): ginidae
reach (out to): ima toia roro
read: duahia
ready: hegaegae
real: momokani; korikori
realise: laloa kehoa; lalo parara (C)
really: momokani
reap: uma aniani abia; lao taboro (C)
rear (back of): murina kahana
rear (raise): naria; ubua
rear up: tata isi (C)
reason: badina
recall (call back): boiria ia giroa mai
recall (remember): laloa; laloboio lasi; laloa tao (C)
recede: lao boio
receive: abia; abia dae
receipt: risiti
recess: laga ani neganai; sipele
recite: gwauraia
reckless: gari laloa lasi
recent: vanegai-vanegai
reception: pati; hebou; abia dae
reckon (consider): laloa
reckon (count): duahia
recline: hekure
recognise: toana diba; toana laloa
recollect: laloa noho; laloa tao
recompense: davana henia
reconcile: maino karaia
record (disc): rekodi
record (fastest, longest, etc.): uini gauna; kwalimu gauna (C)
record (write down, tape, etc.): torea; teipia
recount (tell): gwauraia lou
recount (count again): duahia lou
recover (health): mauri lou; namo vadaeni
recover (regain): abia lou
recruit: abia vareai; orea tauna matamata
rectify: hamaoromaoroa
rectory: haroro tauna ena noho rumana
red: kakakaka
reduce: hamaragia; hakwadogia
reed: rei aukana; siriho (C)
reef: moemoe; motumotu

referee: referi; ampaea
reference: gwaumaoro pepa
reflect (shine, sparkle): diari
reflection (mirror): laulau
reflection (thought): laloa
refrigerator: frisa; hakerua gauna; aisi gauna
refuse (rubbish): momoru
refuse (to tell, to give): ura lasi; dadaraia (C)
regain: abia lou
region: gabu kahana; tano kahana
regret: sori; madi
regulation: taravatu
reject: negea; dadaraia (C)
rejoice: moale bada
relate (compare): hahegeregerea
relate (tell): hamaoroa; gwauraia
relation, relative: varavara
relay: siaia lao
release: rakatania; ruhaia; kahua nege (C)
relieve (pain): hamaragia
relieve (person): gabu abia; durua
religious service: guriguri
remain: noho
remainder: orena; duduna; hapuna
remedy (fix): hanamoa; hamaoromaoroa
remedy (medicine): hanamoa gauna; mura-mura
remember: laloa; laloboio lasi; laloa tao (C)
remnant: orena
remorse: sori
remote: daudau herea
remove: abia oho; kokia oho (C)
rend: darea
render: henia
repair: hanamoa lou
repay: davana henia lou; davana haloua
repeat: gwauraia lou; karaia lou
replace: senesia; atoa lou; boloa (C)
reply: haere
report (someone): ripoti; samani
report (official): ripoti
report (tell): sivarai gwauraia
report (firearm): pou regena
represent, representative: orea ladanai hereva (tauna)
reprimand: gwaugwau; gwau henia
reptile (snake): gaigai
reptile (iguana): ariha
reptile (lizard): variga; vaboha
reptile (crocodile): huala
reptile (tortoise): gero
reptile (turtle): matabudi
reputation: sivarai; harina (C)
request: noia; noinoi
rescue: hamauria
resemblance: toana hegeregere
reside: noho
residence: ruma
respect: hemataurai
rest (remainder): orena
rest (spell): laga ani; sipele
restore: henia lou; atoa lou; hanamoa lou
result: anina

retain: dogoa tao; dogoa tao noho
retreat: heau lou; giroa lou
return (come): giroa mai; mai lou
return (give): henia lou
return (go): giroa lou
reveal: hedinaraia
revenge: kerere davana henia
reverence: hemataurai
revive: hamauria lou
revolve: giroa
revolver: ipidi maragina; vorovoro
reward: davana; ahuna
rheumatism: turia hisihisi; roki (C)
ribs: rudu turia
rice: raisi
rich (food): mai digara; mai gaihona
rich (wealthy): kohu momo; moni momo; taga (C)
rid: negea; kokia
ride: gui
ridge (mountain): ororo nesena
ridgepole: guhi auna; magani bada (C)
ridicule: kirikirilaia
rifle: ipidi; raifolo; gani
right (correct): maoro
right (hand): imana idiba
right (side): idiba kahana
rigid: auka
rim: isena
rind: kopina
ring (bell): toua
ring (finger): rini; ringi; vagivagi (C)
ringworm: sipoma; levo (C)
rip: darea
ripe: mage
rise: tore isi
ritual (religious): kara helaga
ritual (traditional): sene kara
rival (person): inai tauna (C)
rival (compete): helulu henia
river: sinavai
road: dala
roam: loaloa
roast: gabua
rob: henaoa dadia; dadidadi
rock (move): hamarerea; davea (C)
rock (stone): nadi
roll: keia; giroa
roof: guhi
room: daiutu
rooster: kokoroku tau
root: ramuna
rope: kwanau; varo
rot, rotten: dika; bodaga
rotate: giroa; giroagiroa
rough (not smooth): manada lasi
rough (sea): hurehure bada
rough (work): karaia namonamo lasi
round (circular): kuboru
round (go): hagegea
round (spin): giroa
roundup: haboua
rouse: haoa
row (a boat): baraia
row (a line, rank): laini; ere (C)
row (quarrel): heai; hepapahuahu

rub: dahua
rubber: raba
rubbish: rabesi; momoru
rudder: taria gauna
rugged area: ororo momo; diho dae diho dae
ruin: hadikaia
ruined: dika vadaeni
rule (govern): naria; biagua
rule (law): taravatu
rule (lines): laini veria
ruler (instrument): rula
ruler (official): gunalaia tauna
rumour: gwauraia loaloa sivaraina
run: heau
rush: lao haraga
rust, rusty: raraka; rasta

S

Sabbath: Dina Helaga; Sabati
sack (bag): puse
sack (dismiss): hadokoa; hasakia
sacred (holy): helaga
sacred (house): dubu
sacrifice (religious): boubou gauna; boubou henia
sad: lalohisi; hebogahisi
safe (saved): mauri
safe (secure): namo vadaeni
safe (strong box): seifi
sago: rabia
sago frond: rabia raurau
sago midrib: kipa
sail (a boat): haheaua
sail (canvas): palai; lara (C)
sailor: sisima tauna
salary: davana; pei
sale: hoihoi
saliva: kanudi
salt: damena; solo
salt water: tadi
salty: idita; damena mamina
salvage (recover): kohu hamauria
salvage (save): hamauria
same: hegeregere
sample (piece): tohoa gauna
sample (try): tohoa
sanctify: ahelagaia
sand: miri; raria (C)
sap: au ranuna; tode (C)
Satan: Satana
satisfactory: hegeregere; namo
satisfied: moale; boga kunu
Saturday: Satade
saucepan: sosipani; uro
savage: dagedage
save (life): hamauria
save (money): haboua
savour: mamia; mamina
saw (cut): utua; iria (C)
saw (tool): iri; so
sawdust: so momoru; iri momoru (C)
sawmill: reirei utua gabuna; temeba utua gabuna
say: gwau; hereva
scab: toto koua kopina

scabies: kuhikuhi
scald: nadua
scalp: kwara kopina
scamper: heau
scar: kipara
scare: hagaria
scatter (runaway): heau karoho
scatter (strew): gabu ibounai negea; negea kava; petaia rohoroho (C)
scavenge: abia kava; gogoa
scent (perfume): bonana namo muramura
scent (smell): bonana
school: sikuli
scissors: pakosi; sisa
scold: gwau henia
scone: sikoni
scoop: kadoa isi
scorch: gabua
scorpion: doadoa
scoundrel: tau dikana
scour: hagoevaia
scrape: kakasia
scraps: momoru
scratch: kakasia
scream: tai lolo; boiboi bada
screw palm (pandanus): geregere
Scripture: Buka Helaga
scrub (bush): uda
scrub (wash): huria namonamo
scrub hen: kepoka
scruffy: goeva lasi; namo lasi
scrutinize: itaia namonamo
sea: davara
search (for): tahua
seasick: davara gorere; mumuta; gure (C)
seaside (shore): kone
season: nega
seat: helai gauna
seaward: davara kahana
seaweed: alaga
second (for job): gaukara tauna siaia hanai
second (a motion): hereva haruaia
second (rate): namo momokani lasi
second (number): iharuana
second (unit of time): sekeni
secret: hunia gauna
section: kahana
secure (fastened): kwatua vadaeni
secure (firm, safe): auka; namo vadaeni
secure (obtain): abia
sediment: momoru
see: itaia
seed: uhe; au huahua; nadinadi
seedling: tubu matamata gauna
seek: tahua
seize: dogoa; dogoa tao
seldom: nega momo lasi
select: ta abia; abia hidi (C)
self: sibona
selfish: sibona laloa; mata ganigani (C)
sell: hoia; hoihoi; hoia lao
semen: vesi
send: siaia
sentry: gimaia tauna
separate: hapararaia; kahana kahana atoa; hidia (C)

separate (apart): idau
separated: parara
serpent: gaigai
service (help): durua
service (religious): guriguri
set (collection): ibounai; idoi ta (C)
set (cement): auka vadaeni
set (place): atoa; atoa hegaegae
settle (dispute): hamaoromaoroa; maino karaia
settle (reside): noho
sever: utua; utua oho
several: haida
sew: turia
shadow: laulau
shake, shaken: mareremarere; heudeheude (C); hamarerea; udeudea (C)
shallow: dobu lasi
shame: hemarai
shape: toana; itaitana (C); oromana (C)
share (out): haria
share (portion): ahuna; kahana
shark: kwalaha
sharp: mai matana; gano (C)
sharpen: matana karaia; segea (C)
shatter: hamakohia
shave: sievi; vaira hui kakasia
shavings: au momoru; auri mumuro
she: ia
sheaf: igui (C)
shears: pakosi; sisa
sheep: mamoe
sheet (bed): mahuta patana dabua
sheet (iron): punu; tini
sheet (sail): palai
shell (egg): gatoi koukouna
shell (sea): bisisi koukouna
shelter: kalaga
shepherd: mamoe naria tauna
shield (protect): koua; gimaia
shield (weapon): koua gauna; kesi (C)
shift (self): rakatania; lao; siri
shift (something): abia lao; atoa lao; kokia; bibia (C)
shine, shiny: diari; diaridiari
ship: sisima; lagatoi
ship (send cargo): kago udaia lao
ship water: ranu ia daekau
shirt: siedi; hedoki gauna
shiver: mareremarere; heudeheude (C)
shoal (fish): gwarume oreana; gwarume serina (C)
shoe: tamaka
shoot: pidia
shop: sitoa; hoihoi rumana
shopkeeper: sitoa naria tauna
shore: kone
short (money, goods): dabu; imana ia tuna (C)
short of breath: laga tuna
short (size): kwadogi
shortly: dohore; nega sisina
shorts: piripou
shot gun: ipidi
shoulder: pagana
shout: boiboi; lolo

shove: doria
shovel (action): kadoa
shovel (tool): tano kadoa gauna; savolo
show (agriculture, etc.): sou
show: hedinaraia; hadibaia
show off: kalatau; hekokoroku; hegeberi (C)
shrine: dubu; irutahuna (C)
shrub: au maragi
shut: koua
shy, shyness: hemarai
sick (ill): gorere
sick (vomit): mumuta
side (of person): ohena
side (of thing): kahana
sieve, sifter: sitrena; mukia (C)
sigh: hahodi
sign (signature): saini; ladana torea
sign board: toa
sight: itaia
signal: toa
signature: saini; ladana torea
silent, silence: regerege lasi; hereva lasi
silly: kavakava
similar: bamona
simple: auka lasi; metau lasi
sin: kara dika
sing: ane abia
single (one only): tamona
single girl: ulato
single man: tauhau
singlet: singlesi
sink: ranu dekenai diho; mutu
sister (of man): taihuna (Also used for girl's brother)
sister (woman's elder): kakana
sister (woman's younger): tadina
sister-in-law: ihana; nakimi
sit: helai; helai diho
site: gabuna
size: ena bada; saisi
skeleton: turia kavakava
sketch: laulau; laulau torea
skill: diba; aonega
skin (body): kopina
skin (to peel): kopina negea; kopaia (C)
skinny: tau-anina bada lasi; varoda (C)
skip: roho isi roho isi
skirt (grass): rami; kurikuri (C)
skirt (cloth): dabua rami
skull: kwara koukou
sky: guba
slack (business): heau namonamo lasi
slack (lazy): lahedo
slack (loose): dadai; silaki; tua (C)
slam: koua lalodika; koua taku (C)
slander: ladana hadikaia; ladana hamiroa
slap: pataia; botaia
slat: reirei severa
slaughter: alaia mase; alaala kara
sleep: mahuta
sleepy: matana mahuta
slimy: dedidedi; dedikadedika
sling (ship's): silini
sling (weapon): nadi tahoa gauna; vilipopo
slip: dedi

slippery: dedidedi
slipshod: gaukara namonamo lasi
sloping: levolo lasi; egeege (C)
slow, slowly: metairametaira
small: maragi
smart (clever): diba momo; aonega
smart (flashy, showy): kalatau
smart (pain): araia; hegarahegara
smash: makohia; hamakohia
smear: dahua
smell: bonana; bonaia
smile: kiri
smoke (of fire): kwalahu
smoke (fish): nonoa
smoke (tobacco): kuku ania
smooth: manada
snag: hekwakwanai gauna
snail: kururu (C)
snake: gaigai
snap: hamotua
snatch: dadia
sneeze: asimana
snore: udu regerege; udukoko (C)
so, then: bena; vadaeni
so as to: totona
soak (away): kororo
soak (in water): hedaia
soap: sopu
soccer: soka
socks: sokisi
soft: manoka; manokamanoka
soften: hamanokaia
soil: tano
soldier: ami tauna; tuari tauna
sole (foot): ae lalona
sole (only): sibona; tamona sibona
solid: auka; goada
some: haida; ma haida
somebody, someone: tau ta
something: gau ta
somewhere: gabu ta
son: natuna tau
son-in-law: ravana tau
song: ane
soon: nega sisina; kahirakahira
soothe: lalona hanamoa; hamarumarua (C)
sorcery: puripuri; meamea (C); vada (C)
sore: toto
sore (painful): hisihisi
sorrow: lalohisi; bogahisihisi
Sorry!: Madi! Sori!
sorry (for): lalohisihisi
sort (to separate): kahana kahana atoa
sort (type): See under 'kind'
soul: lauma
sound (noise): regena
sound (strong, stable): goada; auka; namo
sound (measure): dobu tohoa
soup: vasiahu; supu
sour: idita; hegara
source: hamatamaia gabuna; badina
south: sauti kahana; diho kahana (C)
south east: laurabada kahana
south wind: diho
southeast trade wind: laurabada
sow (animal): boroma hahine

sow (seed): hadoa
space: pada
spade: tano geia gauna; sipeidi
spank: pataia; botaia
spark: kimoremore (C)
speak: hereva
spear (to): gwadaia
spear (single prong): io
spear (multi-prong): karaudi
spectacles: mata galasi
speech: hereva
speed: lao haragaharaga; sipidi
spend (money): negea; halusia
spend (time): nega haorea; nega halusia
spent: ore
spherical: kuborukuboru
spider: magera
spider web: magera ruma; valavala (C)
spill: bubua
spilt: hebubu
spirit (ghost): lauma
Spirit (Holy): Lauma Helaga
spirit (methylated): sipiriti
spirits (alcoholic): muramura auka
spit, spittle: kanudi
splash: ranu ia pisi; dairia; hetapo hetapo (C)
split: parara; hapararaia
spoil: hadikaia
spoken word: uduna hereva
spoon: sipunu; bedi (C)
sport (games): gadara
spot, spotted: toutou
spot (place): gabuna
spot (notice): itaia
sprained: heride (C)
spray (waves): pisiri (C)
spread: atoa rohoroho; dahua rohoroho; lahaia (C)
spring (jump): roho
spring (water): ranu lohilohi
sprint: heau haragaharaga; heau lalodika
sprout: tubu
spy: itaia noho; itaia tao; hasinadoa (C)
squall: lai dikana; lai badana; guba (C)
square: sikoea
squat: helai
squatter: noho kava tauna
squeeze: gigia
squirrel: vaura maragi; diredire (C)
stab: gwadaia
stable, steady: marere lasi; auka
stable (horse): hosi rumana
stain (paint): peni; vanisi; penia; vanisia
stained (soiled): miro
stammer: hereva namo lasi; lanalana (C)
stand: gini; haginia; toreisi
stand (endure, bear): aheauka
star: hisiu
starboard: idiba kahana; darima kahana (C)
stare: itaia noho; raraia (C)
start: matamana; hamatamaia
startle: hagaria
startled: hoa
starvation: aniani lasi; hitolo mase; hitolo bada

statement (business): pepa
statement (verbal): hereva
stay: noho
steal: henaoa
stealing: henaohenao
steam: kwalahu; varahu (C)
steamship: sisima
steel: auri
steep: hagahaga; ororo gabana bamona
steer: taria
stem: badina
stench: bonana dika
step: raka; daga (C)
step on: moia; moia tao
steps (footsteps): ae regena
steps (stairs): vadavada
stern (ship): sisima murina kahana; gabena (C)
stern (severe, strict): auka; lalo auka
stick (wooden): au; au maragi
stick (together): hakamoa; hakapua
sticky: kamokamo
stiff: auka
still (but, however): to
still (not moving): marere lasi; gini noho
still (continuing): noho; ia mai bona harihari; ema bona harihari (C)
sting: koria; gwadaia
stingray: daedae; dadami (C)
stingy (mean): harihari lasi; hebogahisi lasi
stink: bonana dika
stir: giroagiroa; buloa
stitch: turia
stock (animals): boromakau; boroma
stock (goods): kohu
stock (gun): ipidi auauna
stomach: bogana
stomach ache: boga hisihisi
stone: nadi
stone (throw at): hodoa
stony: nadi momo
stool (faeces): kukuri
stool (seat): helai gauna
stop (an action): hadokoa
stop (doing something): doko
stop (prevent): koua
stop (stay): noho
store, store up: haboua
store (bulk): kohu haboua ruma; kohu atoa ruma
store (retail, trade): sitoa; hoihoi rumana
storm: medu bada; lai bada; guba (C)
stormy sea: davara dika; hurehure
story: sivarai; kiki
stove: nadua gabuna; sitou; aveni
straight: maoromaoro
straighten: hamaoromaoroa
strainer: momoru koua gauna
strange: idau
stranger: idau tauna
strangle: aiona gigia
strap (belt): beleta
straw: rei kakoro
stray: raka kava raka kava; loa kava loa kava

stream: sinavai maragi
street: dala; ariara (C)
strength: goada
strengthen: hagoadaia; ha-aukaia
stretch: haroroa; veria ia lata
stretch (one's arms): heidi roro (C)
stretcher: gorere tauna huaia gauna
strict: auka; lalo auka
strike: botaia
strike (match): hapoua
strike (stop work): sitaraiki; gaukara rakatania
string (cord): varo
string (thread beads, etc.): turia
string bag: kiapa
stroke (with hand, etc.): darodaroa
stroke (seizure): mase bamona; maserea (C)
stroll: loaloa
strong: goada
stubborn: lalona auka
stuck (to be, to get): kamo kau; kamo tao
student: diba tahua tauna
stumble: keto kahira-kahira; hekwakwanai; hetutuhi (C)
stump: au tuana (C)
stun: alaia bamona
stunned: mase bamona; mata madaimadai (C)
stupid: kavakava
sturdy: goada
stutter: hereva namonamo lasi; lanalana (C)
sty: boroma rumana
stye (sore on eyelid): matana ia toto; husihusi (C)
subside: diho sisina
substance: anina
substitute: boloa
subtract: abia oho; kokia oho
succeed: anina davaria; kwalimu
successor: gabuna abia tauna
such: inai bamona; unai bamona
suck: topoa
suds (soap, etc.): sopu gwaragwara
suddenly: haraga haraga; taku (C)
sue: samani; kota karaia; habadelaia (C)
suffer: hisihisi; hisi ani (C)
sufficient: hegeregere
sugar: suga
sugar cane: tohu
suicide: sibona alaia; heala (C)
suitable, suited: hegeregere
suitcase: sutkeisi; baege; maua
summit: dorina; ataiai; tubuana (C)
summon: boiria
summons: samania
sun: dina
sunburn: kopina dina araia
Sunday: dina helaga; guriguri dina
sunlight, sunshine: dina diari
sunrise: dabarere
sunset: adorahi kahana; dina ia diho
superb: namo herea momokani
superior (better): namo herea
supervisor, superior: bosi tauna; gunalaia tauna; henari tauna
supper: hanuaboi aniani

supplies: kohu
supply: henia; henia lao
support (someone): durua
support (something): abia isi
suppose: laloa
supreme: ataiai momokani; herea momokani
sure: diba momokani
surface: kopina
surname: tamana ladana; tubuna ladana
surpass: hanaia; hereaia; halusia
surprised: hoa
surround: gegea; gegea ahu
surveyor: sobea
swamp: kopukopu gabuna; paripari momo gabu; gohu
swap: senisia
sway: marere
swear (bad language): hereva dika
swear (promise): gwauhamata
sweat: varahu
sweep: daroa
sweet (flavour): mai digara; mamina namo
sweet (lolly): loli; lole
sweetheart: lalokau
sweet potato: kaema
swell, swelling, swollen: gudu
swell (sea): hurehure
swiftly: haraga-haraga
swim: nahu
swine: boroma
swing: davea; poua (C)
swinging: love
swirl: girogiro
swoon: mase bamona; maserea (C)
sword: tuari kaia; tuari dare (C)
sympathetic: bogaiahisi; hebogahisi
symptom: toa; saini

T

tabby cat: pusi hahine
tabernacle: dubu; palai dubu
table: pata; teibolo
taboo: taravatu
tabulate: namba haboua
tack: ikoko maragi
tacky: kamokamo
tact: kara manada; kara manau (C)
tadpole: paroparo natuna
tail: iuna
tailor: dabua turia tauna
take: abia; kokia
take care of: naria
tale: sivarai; kiki
talent: diba momo
talk: hereva
talkative: hereva momo; udu mauri (C)
tall: lata
tally: kohu sekea
tame: manada
tank: ranu haboua gauna; tanika
tape measure: hahetoho varona
taro: talo; taro
tarpaulin: palai
taste: mamia
tattoo: kopi revareva

taut: roro
tax: takisi
tea: ti
tealeaves: ti raurau
teach: hadibaia
teacher: hadibaia tauna; tisa
tear (rip): darea
tear (eyes): mata ranuna; iruru mata (C)
tease: gadara henia; kirikirilaia
teat: rata matana
telegram: uaea; telegram
tell: hamaoroa
temperature: siahu o keru toana
temper (bad): badu
temper (good): moale; lalo namo
temple: dubu badana
temple (head): mede (C)
tempt: koia; dibagania
temptation: hedibagani
tend: gimaia; naria; ubua
tender (gentle): manada; manau
tender (painful): hisihisi
tender (soft): manoka
tent: palai rumana; kalaga (C)
tent fly: palai
terminate: hadokoa; haorea
terrible: dika herea
terrify: hagaria dikadika
terror: gari bada
test: tohoa; tahua
testicles: abona
thank: tanikiu henia; hanamoa henia
thanks!: Tanikiu! Namo!
that: unai
thatch: biri; kurukuru
thaw (melt): veve; havevea
theatre (entertainment): laulau itaia gabuna; gadara itaia gabuna; koneseti gabuna
theatre (hospital): ivaia ruma
theatre (lecture): hadibaia gabuna
theft: henaohenao kara
their, theirs: edia; idia edia
them, they: idia; -dia
themselves: idia sibona; idia sibodia (C)
then: unai neganai; bena
there: unuseniai
there is, there are: ia noho; idia noho
therefore: inai dainai; unai dekenai
these: inai
thick: uduna
thief: henao tauna
thigh: mamuna
thin: severa
thing: gau
think: laloa
thirsty: ranu mase
this: inai
thorn: ginigini
those: unai
thought: laloa; lalohadai (C)
thrash: kwadia; botaia; dadabaia
thread (cotton, etc.): varo
thread (string beads): turia
threat, threaten: hagaria
throat: gadona
throne: terona; lohia helai gauna

through: hanaia
throw: tahoa
throw away: negea
thrust (push): doria
thrust (stab): gwadaia
thumb: ima kwakikwaki badana; sinabada (C)
thump: botaia
thunder: guba regena; guba rahurahu (C)
thus: inai bamona; ini heto (C)
tick (insect): sisia utuna; boroma utuna
tickle: gilia (C)
tide: aru (C)
tide (high): ranu ia dae kau; utu (C)
tide (low): ranu ia diho; davara ia kui; komada (C)
tie (fasten): kwatua; guia; mataia
tie (cravat): neketai
tied (equal): hegeregere; kwalimu lasi
tight: auka
tight (clothing): hekahi
timber: au; reirei
time: nega
timid, timidity: gari
tin: tini
tiny: maragi herea
tip (end): dorina; matana
tip (hint): hadibaia hereva
tip (over): bubua
tip (payment): davana; davana henia
tired: hesiku; taeadi
to, toward: dekenai
to (in order to): totona
tobacco: kuku
today: hari dina
toe: ae kwakikwaki
together (place): ida; danu
together (time): nega tamona
toil: gaukara
toilet: mei ruma; murimuri ruma; ruma maragi
tomato: tomato
tom-cat: pusi tau; pusi maruane (C)
tomorrow: kerukeru
tongue: malana
too (also): danu
too (many, much): momo herea
tools: tulu; gaukara gaudia
tooth: isena
toothache: isena hisihisi
top (summit): ataiai; latana; dorina (See 'on')
topple: moru; hamorua
torch (electric): tosi
torch (palm frond): kede
torn: hedare
tortoise: matabudi maragi; gero (C)
torture: hahisihisia
toss: tahoa
total: ibounai
touch: abia; daua toho (C); kamo kau (C)
tough: auka
tow: veria
toward: dekenai
towel: tauele
tower: kohoro (C)

town: taoni; hanua badana
toy: gadara gauna
track (footprints): ae gabudia
track (look for): tahua
track (path): dala
trade: hoihoi
trade store: hoihoi ruma; sitoa
tradition: sene karana; dala gunana
traitor: taotore tauna (C)
tramp: raka
trample: moia tao
transgress: taravatu hamakohia
transgression: kara kerere
trap: tarapu; rikiriki (C); idoa (C)
trash: rabesi; momoru
travel: laolao
tree: au
tremble: marere-marere; heude-heude (C
trench: dadaira
trespass: taravatu hamakohia
trial (legal): kota
trial (test): tohoa
tribe: bese
tributary: sinavai maragi; aru utu (C)
trick: koia
trip (someone): hekwakwanaia
trip (stumble): hekwakwanai; hetutuhi (C)
trip (journey): loaloa
triumph: kwalimu; kwalimu moalena
troops: ami taudia
trouble (anxiety): uari
trouble (misfortune): kerere
trousers: piripou
truck: taraka; motuka
true, truly: momokani
trumpet: kibi; biugili
trunk (body): tau anina; gabana
trunk (tree): au gabana; au badina
trust: abidadama henia
trustworthy: momokani
truth: hereva momokani
try (attempt): karaia toho
try (legal): kota henia
try (test): tohoa
tub: tabu
tune: tiuni; miusiki; miusika
tunnel: guri
turn: giroa
turn (his turn, in turn): nega
turtle: matabudi
tusk: isena; doana
twig: rigi maragi
twins: vara hekapa
twine: varo
twist: mogea
twisted (crooked): gageva
type (kind): toana
type (on typewriter): taipia
tyre: taea

U

ugly: toana dika; hairai lasi
ulcer: toto dikana
umbrella: tamaru; damaru
unable: karaia diba lasi; hegeregere lasi
uncertain: daradara; diba namonamo lasi
uncle (maternal): vavana
uncle (paternal): tamana; tamana maragi
unconscious: mase bamona; maserea (C)
unconscious (unknowing): diba lasi; daradara; laloa lasi
undecided: daradara; laloa lasi
under: henu ai; henunai
understand: diba; lalo parara
undress: dabua kokia oho
unemployed: gaukara lasi; noho kava
unequal: idauidau; hegeregere lasi
unfasten: kehoa; ruhaia
unfit: hegeregere lasi; goada lasi
unfortunate, unfortunately: sori; madi
union, united, unite: hebou tamona; ahebou
unload: kohu kokia; kohu vaia (C)
unlock: kehoa
unmarried: headava lasi
unpleasant: namo lasi; dika; mamina dika; badu
unprepared: hegaegae lasi
unripe: mage lasi; kasiri; karukaru
unsteady: marere
unsuitable: hegeregere lasi
untie: ruhaia
until (now): ia mai bona; ema bona (C)
until (a later time): ia lao bona; ela bona (C)
up, upper: dae; ataiai
upon: latanai
upright (vertical): gini maoromaoro
upright (conduct): noho namo; kara namo; kara maoromaoro
upset (annoyed, sorry): habadua; hahisia
upset (spill): bubua
upside down: hebubu; hedagwa (C)
urine: mei
us (exclusive): ai; -mai
us (inclusive): ita; -da
use: gaukaralaia; iusilaia
useless: hegeregere lasi
utter: hereva; gwauraia
utterly: herea; momokani

V

vacant: anina lasi; tau ia noho lasi
vacation: livi; laga ani; sipele
vagina: kio
vain (useless): anina lasi
vain, vanity: hekokoroku
valley: koura (C)
value: davana; mai anina
vanish: lao vadaeni; boio
vapour: kwalahu; varahu (C)
varnish: vanisi; vanisia
vast: bada herea momokani
vegetable: uma aniani; uma gauna
vein: varovaro maragi; rara varovaro
vengeance: kerere davana
venom: poisini; mase havaraia gauna
verandah: dehe
verge (almost): kahirakahira
verge (edge): isena
verify: hamomokania

very: herea
vex: habadua
vice: kara dika
vicinity: kahirakahira
victory: kwalimu
view (look at): itaia
view (opinion): laloa
vigorous: goada
village: hanua
vine: uda varovaro
violence: dagedage kara
virgin: rami hebou; lalo bolu (C)
virtue: toa namona; kara namona
viscera: bogarau
visit: vadivadi
vocation: gaukara; dagi
voice: gado regena
volcano: kwalahu ororona; lahi ororona
volume (book): buka
volume (quantity): momo
vomit: mumuta
vow: gwauhamata
voyage: laolao

W

wages: davana; pei
wagon: taraka
wail: tai
waist: gaba
wait: naria
waiter, waitress: sitiuedi tauna o hahinena; ueita
wake, waken: noga; hanogaia; haoa (C)
walk: raka; loaloa
wall (exterior): haba
wall (interior): daiutu
wall (garden): magu
wallaby: magani
wander: loaloa; loa kava
want: ura
war: tuari
warehouse: kohu haboua gabuna
warm: siahu; hasiahua
warn, warning: taravatua; sisiba henia; taravatu
wart: husihusi (C)
wash (self): digu
wash (things): huria
wasp: nanigo
watch: naria; itaia namonamo; gimaia
watch (timepiece): dina gauna
water: ranu
waterhole: ranu guri
wave (the hand): davea
wave (sea): hurehure
wax: kandolo ena anina
way: dala
we (exclusive): ai
we (inclusive): ita
weak: manoka; goada lasi
weaken: hamanokaia
weakling: manoka tauna; boga auka lasi tauna
wealth: kohu; moni; taga (C)
weapon: tuari gauna; labana gauna
wear (clothing): dabua atoa; rami kwatua; rami rioa (C); dabua hadokilaia (C)
wear (out, away): dika vadaeni
weary: hesiku; taeadi
weather: nega namo; nega dika
weave: hatua; turia
web: magera ruma; valavala (C)
wedge: hekahi (C); dabi (C)
weed: ava
week: pura
weep: tai
weigh: metau tahua
weight: metau
well (healthy): namo; goeva
well (properly): namonamo
well (waterhole): ranu guri
went: lao
west: dina diho kahana
wet: paripari; haparia; haparipari
wharf: sisima kamokau gabuna; uopu
What? Dahaka?
wheat: uiti
wheel: uili
wheelbarrow: uilibaro
When? Edena negai?
when, whenever: neganai
Where? Edeseni? Edeseniai?
Where from? Ede amo?
where, wherever: gabunai
Which? Edena?
while: neganai
whip: kwadia; dadabaia; botaia; kwadia gauna
whirl: girogiro; giroagiroa
whirlwind: lai ia girogiroa; koehirihiri (C)
whiskers: auki huina; adena huina
whisky: uiski
whisper: hereva maragi; hereva manoka
whistle: hioga; ihoga; uisili
white: kurokuro
Who? Daika?
whole: ibounai; idoinai (C)
whore: ariara hahine
Whose? Daika ena?
Why? Badina dahaka? Dahaka dainai? Edena bamona?
why (reason): badina; dainai
wick: uiki
wicked: dika; dika herea
wide, width: lababana
widow: vabu
widower: dogae
wife: adavana; hahine
wild (angry): badu
wild (untamed): uda gauna
will (legal): uili pepana
will (wish): ura
will (future indicator): do; dohore
willing: lalona hegeregere
win: kwalimu; uini
wind: lai
window: uindo; gaba mauru (C)
windpipe: gado baubau
wine: uaina
wing: hanina; apena; manu imana
wipe: dahua

wire: uaea
wireless: reidio
wise, wisdom: aonega
wish: ura
witch: puripuri hahine; mea hahine; babalau hahine
with (accompanying): ida; danu; mai; dekenai
with (by means of): amo
within: lalonai
witness: diba tauna; uitnesi
wizard: mea tauna; babalau tauna
woman (married): hahine
woman (single): kekeni; hane ulato (C)
womb: boga
wonder at: hoa
wonderful: hoa gauna
wood: au
wooden: au gauna
woods: uda
wool: mamoe huina; vulu
word: hereva
work: gaukara; gaukaraia
world (earth): tanobada idoinai
world (people): tanobada taudia iboudiai
worm: gaigai maragi; biluga (C)
worn out: dika vadaeni
worry: laloa momo; uari
worse: dika herea
worship: guriguri
worth: davana
wound: bero; haberoa
wrap: kumia
wreck: hamakohia; hadikaia
wrinkled: makuku (C)
wrist: sikuru gabuna; ima ganagana (C)
write: torea
writing: revareva; toretore
wrong (evil, wrongdoing): dika
wrong (incorrect): kerere

Y

yam: maho; taitu
yard (enclosure): magu
yawn: mavamava (C)
yaws: toto dikana
year: lagani
yeast: hatubua gauna
yell: boiboi; lolo
yellow: laboralabora; ielo
yes: io; oibe
yesterday: varani
yet, but: to
you (plural): umui
you (singular): oi
young: matamata; maragi; natuna
young man, young men: tauhau; uhau
young woman, young women: hane ulato; ulato
your, yours (plural): emui; umui emui
your, yours (singular): emu; oiemu
youth: mero; tauhau

Z

zeal, zealous: ura bada; ura dikadika
zebra: hosi idauna
zero: noti; gau lasi
zone: kahana
zoo: manu o mauri gaudia idauidau haboua gabuna

www.ingramcontent.com/pod-product-compliance
Lightning Source LLC
Chambersburg PA
CBHW060317240426
43661CB00059B/2791